U0152992

文化設計

生活再創造指南

Redefine The Practice of Culture Design

謹以此書
獻給
我們在天上的父
&
啟迪我自由思考的大師們
和
伴我走過長路的所有人

目 錄

contents

文化就是生活

鄭自隆
國立政治大學傳播學院退休教授

別說你不懂文化，文化就是生活，只要懂得過日子，你就懂文化。

所謂「文化」，指的是族群生活方式的展現，吃喝拉撒都是，文化也是族群聚集演化過程的集體記憶，既然是群聚演化，因此文化只是客觀呈現，彼此之間無優劣之分，不是歐美文化就優於臺灣文化，崇洋抑土是自我框限；更不是漢文化就比原民文化高明，也不應自我膨脹。

但在全球化架構下，「文化」常成為帝國主義的一環，強國文化會流通至弱國，弱國無力抵抗，弱國文化也不會對等流通至強國，好萊塢電影通行全世界，但弱國電影除非搭上好萊塢的發行系統，否則就沒有機會上美國院線；亞洲國家的知識份子對美國文化（地理、歷史、政治、電影、電視、飲食乃至文學）可以頭頭是道，但美國知識份子對亞洲文化的瞭解卻相對有限，甚至誤解鄙視，形成文化不對稱。

黃色小鴨就是，黃色小鴨是西方浴缸文化的象徵，與臺灣人沖澡的文化無關，但 2012 年底至 2013 年席捲全台，高雄、桃園、基隆都有展出，甚至花蓮鯉魚潭不久後還出現山寨的紅面黑鴨，2024 年初黃色小鴨再次來高雄，一樣轟動，我們自己的文化或文創作品在哪裡？

在臺灣講文化產業或文創產業，一定要強調在地文化，包含臺灣在內，在全球化體系中不是主流的國家，因此「文創」就是要賣「在地文化」，文創「文化商品化、商品文化化」的概念，就是指「在地文化」，而不是複製仿刻其他外來文化，文化弱勢國家唯有強調在地文化，「文化商品化、商品文化化」方有意義。

葉思吟教授的《文化設計：生活再創造指南》是一本「創作」文化賣點的「食譜」，依樣可以畫葫蘆，全書有學有術，理論、實務兼具，除結論部分外，全書分 4 單元，第一單元是起手式，談文化的概念，第二單元討論如何「找」到文化，第三單元是談文化的視覺性，如何讓人「看」到文化，第四單元就是收尾，談文化策展；起承轉合，環環相扣。

文化呈現的是斯土斯民的生活，可以透過歷史、地理、人文、產業的特色來展現，文化就是生活，只是我們常忽略，讓葉教授的新著重新點燃對自己文化的熱情。

是為序。

2025 春

深入淺出，看見跨域協作的複雜

陳育民
AAD 亞洲視覺藝術交流平台 執行長

網路時代的高度發展帶來知識碎片化與訊息快速更新迭代，進一步引發文化從量變到質變的現象層出不窮，在如此喧囂的境地下，「文化」這個詞彙變成雙面刃，一方面提供許多創作上豐厚的靈感與學術研究上的堅實基礎，但另一方面被商業市場過度浮濫使用，導致一不小心落入庸俗或是空洞的窠臼之中，在這樣的前提下，以「文化」為書寫標的，無疑是高度艱難的任務，能否挖掘出與眾不同的轉化路徑，而非作為一種亮麗外顯的表層追求，就相當考驗創作者功力。

葉子作為文化設計的策劃人與執行者，擁有數十年相關的實務工作經驗累積，從文化設計出發，帶領觀眾以一種深入淺出的方式，看見文化策劃和設計過程中值得深思的重要問題，並站在實務角度上對於地方對於文化創作，梳理出對於文化身份和社會關係之間的獨到見解。

這本書也讓我們看見文化設計所造就的成果，是透過與不同專業領域的合作互動，持續挖掘與反思和調整其前行策略，從而形成一個多方協作的生態系統。文化設計強調歷史、社會結構、在地生活的精準編輯，這不僅是單向的輸出，而是多方向的交流結果，多元的文化研究經驗造就了葉子對於同一事物有著更加細緻豐富的解讀，同時也能精準捕捉到他人無法輕易看見的視角，不僅提出了理論上的指標以及實踐中的挑戰，更為文化設計研究提供了深刻的思考。

掌握脈絡，按部就班的工具書

黃凱昕
國立教育廣播電臺臺東分臺 分臺長

當知道「葉子」規劃出這本書，我應該比任何人都開心。

臺東這幾年很努力地將文化與設計元素融入地方發展，有摸索、有嘗試、也有掌聲。身為電臺的地方主管，總希望年輕同仁們，在論述地方事務時，能有洞見、並且梳理內在脈絡。

或許是數位原生代的同事，比較缺少結構化思路的訓練，往往在聽見脈絡與洞見的詞彙時，回報給我的是困惑的眼神。

很難一時半晌說得清楚什麼是脈絡與洞見，葉子的這本書剛好可以當成按部就班的工具書。

媒體的競爭、甚至汰除，始終激烈，廣播一直都很邊緣，當 Podcast 逆勢興起時，傳統廣播是否僅剩在災變、甚或戰爭中傳遞訊息的價值呢？

我相信有洞見與看得見脈絡的觀點，絕對是媒體內容的致勝關鍵。即使是 Podcast 的挑戰，傳統廣播仍可在分眾市場中，發現藍天。

謝謝葉子這本書，救我燃眉之急。

再現城市風格的文化設計指南

李再立
國立體育大學教授

年輕時就熟識思吟了，我們叫他葉子；初次見面於 1989 年 10 月的社團迎新，自此我們就在登山健行中以歌以情相待、在生活成長中相知相惜，情同手足。葉子多才多藝，取得博士學位後，在多所大學教授傳播、文化、採訪及寫作等課程，也製作及主持節目、創辦線上雜誌，並已編輯出版十餘冊書籍；因此，對於本書《文化設計：生活再創造指南》的出版，自然欣喜萬分。

曾經因緣際會借調至臺北市政府擔任近五年的體育局局長，深刻體會一座城市的運動發展必須符應該城市的風格，才得以獨特與永續；而一座城市的文化設計該如何經由觀察、洞見及同理市民的生活，才得以再現城市文化風格呢？本書娓娓道來，循序漸進介紹如何企劃與實踐文化設計課題；第一篇「文化：日常生活的意義實踐」，論述文化及設計等相關理論與概念；第二篇「企劃、探索文化」，談論如何尋覓在地文化及連結在地情感，以設定適當議題；第三篇「個性、視覺設計」，介紹如何視覺化文化，形塑地域文化品牌；第四篇「跨域、策展 PLUS」，介紹如何跨域整合、辦理文化策展；第五篇「結語：未來完成式」，談論文化設計的現在與未來。

欣聞本書付梓，樂為此序推薦之；期待更多有志者能在本工具書的引導下，開啟與再現多元共融的文化設計課題！

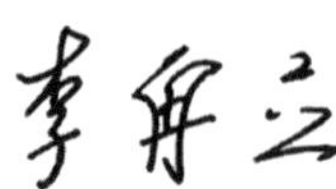

蔡國榮
教授／編劇／影評人

認識思吟很多年了，也曾與她在新聞界、學界共事，只曉得她的文采斐然、行事幹練，卻不知道她對文化與美學議題有這麼博遠的識見，更難得是能落實於生活。從發揚地方意象、品牌設計到編輯、策展，她都有許多深刻而有意義、又兼輕鬆有趣的想法。我後悔以前共事時只論績效，如今僅能由這本《文化設計：生活再創造指南》裡挖掘她的生活智慧之寶了。

闕河嘉
臺大生物傳播暨發展學系副教授

《文化設計：生活再創造指南》以簡練生動的語言，解構複雜的文化與設計交互現象，並將其轉化為易於應用的操作方法。從田野調查到議題設定，從符號再現到視覺化創新，無不展現作者對文化設計的深厚理解與熱情。

方志華
臺北市立大學學習與媒材設計學系教授

浪漫的文青，
不朽的小日子，
對我們來說是曾經，
思吟卻是在每個田野調查的當下，一路留下足跡。

文化設計是地方創生的活水源頭

李崗
國立東華大學教育與潛能開發學系教授

剛柔交錯，天文也；文明以止，人文也。
觀乎天文，以察時變；觀乎人文，以化成天下。
〈易經．賁．彖辭〉

文化，真的沒有「高」「低」之別嗎？那能不能做出「有」「無」的判斷？

如果文化只是現象，無法進行價值判斷，那麼為何需要設計？

設計，究竟是為「誰」而做？為「何」而做？
設計的結果，是「物件」、「活動」、「商品」…等，那是文化嗎？

回到文化一詞的中文語境，可以拆解為「文」與「化」兩字。「文」的確有現象之意，所以天有天文、人有人文，皆可以觀。不過為什麼非觀不可，那是因為現象的背後，蘊含某種規律法則，能夠看得清楚，才知道人類應該怎麼生活；所以文這個字起源於作為依類象形的記號，也常常指涉詩書禮樂等人類文明的發展，又具有價值意識之表現形式的意義。「化」則是一種性質或狀態的改變，所以變化氣質、化民成俗，都必然涉及某種價值理想的主觀追求，價值意識的客觀呈現，其實這就是教育的發生。

因此，文化從來不是價值中立的活動，文化設計其實就是一種潛移默化的教育設計，否則我們為什麼要談人文精神、文化素養呢？

聯合國之所以要推動「永續發展目標」（Sustainable Development Goals），正是因為全球各地目前存在的生活方式，如果再不改變，走上永續發展之路，那麼資源分配、環境生態、人類生存等問題，終將招致自食惡果的命運！換言之，不是所有的設計，都是好的文化設計，都是追求可持續性的文化設計。

臺灣社會近年來，出現不少推動地方創生的團隊，也強調永續發展的重要性。根據最新的調查報告，目前遭遇的最大挑戰是資金與人才不足，希望能夠獲得企業合作與資金挹注。事實上，地方如何創生的關鍵，並不在於幾家公司運用科技，設計體驗經濟的商品一那只是消費模式的改變；地方創生的本質，在於生活型態的重新設計，以及文化價值的重新定義。

就在這個重要的時刻，《文化設計：生活再創造指南》的出版，讓我們看見地方創生的活水源頭，以及人才如何培育的課程架構。作者葉思吟教授，不是關在學術界只講理論的研究者，而是累積數十年功力，深耕地方的文化工作者。

職是之故，所有關心文化、教育、地方創生的朋友，我願意向你們全力推薦，這本絕對是教科書級別的好書。她不只是人人都能從企劃到策展的使用手冊，更展現地方如何創生的設計之眼！

葉俊麟
justfont 執行長

在探索台灣在地文化與地方創生的浪潮中，這本書結合當代理論和實務，深入剖析了文化可能的多重樣貌；不論是設計師、策展人，或是文化工作者，相信都能從中汲取到不同的觀點和靈感，非常推薦大家閱讀。

謝青葑
AOI.CYCLE 創辦人暨設計總監

文化與設計是一座橋，將我們的日常與未來串聯，開啟充滿創新可能的旅程。在多年工業設計與品牌經營的實踐中，我不斷探索文化如何融入產品設計，並在傳統與創新之間開創平衡之道。我在臺灣學習成長，受到多元文化的薰陶，透過設計將產品帶到歐洲，這些跨文化的經驗不僅讓我深刻體會地方特性與全球視野的交融，也啟發了我如何透過設計讓文化連結世界。

本書以多元視角探討文化、田野調查與視覺美學，從地方感到跨域策展，展現文化設計如何塑造社會與產業。這本書將帶領讀者探索文化與創新交融的無限可能，開啟屬於每個人的設計旅程。

前 言

近年來，

以城市、地方為名的文化創生或文化設計，

如雨後春筍般此起彼落。

那麼，所謂的「文化」如何設計？

城市或地方文化設計的核心概念為何？

該以哪些元素作為設計核心？

透過策劃與重編，

以及視覺意象的刻意建構和形塑，

期能吸引觀者的關注，並藉由設計巧思與展演加以轉譯，

開啟新文化視界，串聯當代 AI 與數位技術發展，

共創出屬於當代既具有潮流性，

同時兼具獨特性的視覺文化及風格。

這本書期待透過長期的實務經驗觀察與知識理論的系統爬梳，

以平易近人的語彙，蒐集多元的案例，彙整出兼融質量，

涵蓋文化、設計視覺與社會學等多重觀點的作品。

CHAPTER I

文化：日常生活的意義實踐

再現：文化，符號與意義實踐
觀看，可見與不可見
大主編：企劃篩選＋創意行銷
可視化，視覺技術延伸
理論＋實踐：從文化研究開展的使用手冊

文化，與其說是一組事物，

不如說是一個過程，一組意義生產和交換的實踐。

—— Stuart Hall

文化：日常生活的意義實踐

文化，究竟是什麼？

文化，這個詞，聽起來既熟悉又感覺有些距離。熟悉，是因為從小到大琅琅上口，彷彿什麼事情都能夠用這個詞加以解釋。有些距離，卻又像是一個高高在上的概論，說起來簡單，卻又不好說明。

永遠記得年輕時總有一本文化概論這類的書，被列在書單或者考試書單中。說實在的，讀起來真是有些頭疼，同時也有些枯燥乏味。更多內容在於闡釋深奧的意識形態，和生活上的各種演繹似乎又隔了一層。

反觀在日常生活中，當論及文化時，總不免和食物連上關係。例如，隨意詢問身邊的人：「提起臺灣文化，想到什麼？」在地人不免頓了一下，然後回答鳳梨酥，或者夜市，至於觀光客可能會提起 101，或者芒果冰。只是，這些答案總不是一成不變的，在不同階段詢問不同族群，收到的回饋不盡相同。

倘若詢問：「美國文化指的是什麼？」多數人可能會指出好萊塢文化、迪士尼樂園，或者美國麥當勞漢堡等，然而，這些名詞的背後，究竟意味著什麼？恐怕繼續深問下去，獲得的回應將五花八門。同理可證，當提起「何謂日本文化」時，即使是日本通的旅人，也不免會以壽司、宮崎駿動畫和拉麵來回答。只是，這些物件和「文化」之間是如何產生關聯性？此物非彼物的背後決定因素與連結的歷程為何呢？

換言之，當觸及「文化」兩個字時，每個人都懷抱著不同的想法和體悟。那彷彿是高不可攀的一種精神象徵，也像是觸手可及、環繞在身邊無所不在的幽魂，亦可能直接被轉化成一種物質形態加以描述出來，例如食物、影視作品或建築物。因此，「文化」真正的涵義，或者是說，「文化」究竟是怎麼一回事？當論及一個地方的「文化」時，我們究竟是如何理解？以及所指涉的含意為何？作為主體（自我）和客體（他者）又如何彼此認知、指認、感受其所謂文化的真實存在？

啟蒙，英國文化研究帶路

或許，英國「文化研究」的學者們，提供很好的思辨方針與探索歷程。

特別是首先提出文化不等於文明，勞工階級也有屬於自己文化的 Raymond Williams，大大翻轉向來對於文化兩個字的傳統認知，同時提出大寫 Culture，以及小寫 culture 兩種區辨思維，重新定義、發展對文化的理解，強調文化日常、實際生活的性格，認為文化指涉的是「生活的全部方式」（Barker,2004）。

透過 Raymond Williams（1989）的重新詮釋，提出文化具有兩種面向：一為已知的意義和方向，該文化的成員學而知之；另一個面向為新的觀察和意義，供人測試。因此，文化既是傳統也是創新，意味著生活的全部方式，其實指的是共享的意義，是一種「藝術」，也是日常生活中的價值觀、規範和符號財。

對 Raymond Williams 來說，文化是一種整體的生活方式（ a whole way of life）。研究文化即是研究整體生活方式裡各元素之間的關係，文化穿透了社會生活的一切層面，關注的焦點從文學藝術轉變為人類學的領域，文化不再單單由經濟層面決定和控制，而是生活方式的整體，不但是觀念，也是意義與定義的紀錄，也是一組物質形式，指涉我們共同生活的變化狀況（Williams, 1966:16）。比起關注文化的特殊事例（如藝術、文學作品），更應該關注這些事例所體現的一般性組織，也就是文化的整體性，即他所謂的感覺結構（Williams, 1981: 46-47 ）。

感覺結構，在實踐中體驗

由此觀點著手，對於文化的研究，從爭辯誰才是正確或者是否合乎文明的課題，轉向更重視文化的變遷和流變是如何形成和被認可的過程，以及整體社會文化感覺結構的意義和實踐。誠如近代文化研究知名學者 Barker（2004:46）所言，文化一方面關切的是傳統和社會複製的問題，另方面又關切創造力和變遷的問題。

如此觀點和論述，開啟當代如雨後春筍般的文化研究投入，更為文化產業的蓬勃發展開出了新路。文化研究學者

Stuart Hall 即主張社會與文化乃是透過一組複雜的接合與再現實踐的複雜構成，該思路給予文化重新被改寫和編碼的機會（Barker,2004:66）；至於葛蘭西 Gramsci（1971）則提出「好的常識」，強調文化中的霸權（主流觀點）需經過抗爭所得，進一步開啟對於文化該是如何與文化意涵變遷與意義創新的可能性 （Barker,2004:75）。

至於法國思想界大師米歇爾·傅柯（Michel Foucault）以非連續性、斷裂、差異的考古學，通過對話語形成與陳述進行分析，提醒更詳細檢視檔案和文本概念中的傳遞、恢復、遺忘、重複作用（Foucault,2023）；此也預視了文化做為意義的載體，其中的不連續性，以及重新被發現與改編的可能性。

Stuart Hall 於《Representation》一書中，強調「文化與其說是一組事物，不如說是一個過程，一組實踐」，「文化首先涉及一個社會或集團的成員間的意義生產和交換」，也就是意義的給予和獲得。他認為，說兩群人屬於同一種文化，等於說他們用差不多相同的方法解釋世界，並用彼此理解的方式表達自己，以及對世界的想法和感情

（Hall,1997:2-3）。文化意義不只在頭腦中，它們還組織與規範社會實踐，影響我們的行為，從而產生真實的、實際的後果。

1 再現：文化，符號與意義實踐

進一步來說，文化實踐是相當重要的。Hall (1997) 主張是文化的參與者賦予了人、客觀物及事件意義。此也意味著意義幾乎從不會是單一的、固定的、不可改變的。甚至如石頭、界碑或雕塑這樣明顯的事物，其意義都取決於他所處的某個特定的使用背景、語言遊戲。也就是說，通過我們對事物的使用、我們對它們所說、所想和所感受的，亦即透過我們「再現」它們的方法，給予它們一個意義。

更準確來說，我們藉著我們給予人、事、物的解釋框架，賦予各種人事物意義。就某個程度來說，我們透過使用事物，或者把它們整合到我們的日常實踐中的方式，賦予事件意義。所以，意義究竟產生於何處？意義事實上產生於幾個不同的場所，並通過幾個不同的過程或實踐與被傳播。

Hall (1993 [1980]) 主張用解碼和編碼（encoding and decoding）的分析模式，處理意義的生產（編碼）與消費 (解碼) 面向。以電視新聞為例，他認為是經過一套編碼過程產製出某類型節目，而觀眾的觀看行為，則是解碼過程，一切的文化產品意義的生產和解讀，幾乎可用此概念加以分析。尤其透過 Saussure 索緒爾將符號（sign）區分為符徵（signifier）和符旨（signified）的概念，將有助於辨明文化的各種產物。作為一種充滿意義的文本，如何透過符號元素串接聯繫，又是如何被解碼和再生產。後續的文化研究學者則進一步主張，考察這些符號意義的產製與解讀過程，必須考量其背後的脈絡，也就是社會關係與過程（王志弘，1999）。

「符號化」被認為是再現很重要的環節，當代品牌與文化現象經常運用語言與視覺等元素共構其物件或行為意義，透過圖文和影像等再現人、事、物的意義；這裡加上「化」字，主要為凸顯一段歷程的概念，對於任何文化意義的分析必須考察其形成的脈絡和社會關係。例如 Said 薩伊德指出的「東方」與「西方」的論述框架與符號化差異，依然影響人們腦海中對於兩個世界的想像。

以茶藝文化為例。東西方對於喝茶該有的樣態、倒茶的姿勢和品茶湯的禮儀等，均蘊含相當的文化意義，只是，這些意義隨著時空更迭也有所異同，至於哪種流派為傳承正宗？哪些細節決定文化高下？若回到文化研究的思路，將發現與其執著於辯證誰為勝？不如轉向探究各地茶藝文化賦予所說、所感受的意義和文化實踐歷程異同，從中梳理出意義究竟是如何被再現、生產與傳播，進而被認同及如何滲入整個社會，達成某一種「共享的意義」，甚而整併入每天例行公事中的實踐過程。

意義，改編、共享過程

根據 Hall 的觀點，意義不存在於客體或人或事物中，也不在詞語中。「意義是被再現的系統建構出來的」，而且是透過訊息 (Message) 建構出來的，而訊息確認了概念和符號間的關係。因此，關於文化的思考，Hall (1997) 提出以共享的概念圖、共享的語言系統，以及駕馭他們之間轉化關係的各種訊息為根據。

以比較白話的方式來說，當我們論及「樹」這個概念時，首先我們透過「樹」這個字的型態與構成加以理解，抑或經由教育過程，逐漸認知關於「樹」這個詞的概念。然而，「樹」所代表的含意，並非一成不變，而是可經由不同訊息的連結加以詮釋，在不同時空中賦予意義，例如「十年樹木，百年樹人」、「種樹，救地球」、「樹敵眾多」、「見樹不見林」等，上述詞彙對於「樹」這個字的詮釋和應用不盡然相同，如果我們將「樹」視為一個符號，那麼，人們往往透過其與不同訊息的概念所產生的關係來確認其符號意義。

如此看來，我們對於人、事、物的表述，其實是透過帶有意義的語詞、聲音或形象所形構出的符號加以建構，但這套符號系統並非憑空而來，而是衍生自所存在的社會和文化體系的傳承與教育等，再透過某種程度的概念和相近物的重新鏈結，賦予符號新意義。所以，意義並不內在於事物中，它是被構造的、被產生的，它是指意實踐（指意為符號學上專有名詞），即一種產生意義、使事物具有意義的實踐產物（Hall,1997:24）。

回到前文中 Hall 所強調的「文化與其說是一組事物，不如說是一個過程，一組實踐」，「文化涉及一個社會或集團的成員間的意義生產和交換」，事實上，文化也就是一組「再現」過程與實踐體系，這裡更強調社會關係與過程的動態，以及主體的行動。至於再現中所涉及的符號、概念和被用來指稱的物體的關係，也因此充滿任意性與可能性，這也符合 Saussure 針對符號提出的符號具、符號義與迷思間的概念架構，他們之間既是規定的，卻也是任意的。

因此，論及英國文化時，當地人對自身文化的詮釋，可能會和臺灣人對其詮釋的符號選擇十分不同。前者或許會以壞天氣、福爾摩斯作為一種文化象徵符號，而臺灣人可能會以倫敦大橋、哈利波特為例，兩者之間受到彼此文化情境與認知解理程度而出現差異，同時也會隨著不同時空而改變。此外，對於文化的再現結果，還會受到目的引導影響，或者背後的意識形態引導，並透過不同的人、事、物符號加以連結組成。

說到這裡，不妨思考一下，關於「旅行的意義」這件事。旅行這件事情對於人生的重要性？旅行應該是如何？

旅行和旅遊除了字面上，所指涉的內涵有哪些異同？關於旅行，會以那些語詞和視覺符號加以再現呢？此外，當陳綺貞以這首歌成名時，是否顯示某種流行文化的思潮轉變呢？它所反映的是一種新的演藝圈文化實踐產物嗎？

符號，拆解、重構與拼貼

從學術論文檢視文化的意義，我們發現文化和意義其實都是一種再現的結果。而所謂的再現仰賴諸多符號的重組形成。那麼，反過來說，從文化實務工作角度來說，這又意味著什麼？

或許，我們生活中所謂的某種文化，都源自於特定符號的重組和操作？

例如，文青文化何謂？光是從文青的定義，文青會做哪些事情，以及文青看起來應該是什麼樣子，也就是視覺再現上應該如何呈現，可能都會引起諸多的辯論和理解。如同過往應邀演講時，總會先自我嘲諷：「是否預期將見到什麼樣子的文青出現在你們面前？穿著打扮上可有預設的樣態？又或者在色彩的選擇上是否呈現某種的偏好？」

然而，事實上，所謂的「文青」定義，自古至今歷經多次轉變，隨著時間和空間的更迭，也有不同的詮釋和褒貶。一如，當代對於文青兩個字的詮釋，並非全然正面，偶爾也帶種嘲諷或貶抑的涵義，特別是在某些領域裡，意謂顯得格格不入或不切實際的形象。

當代對於城市文化的塑造與詮釋亦是如此。關於一座城市該是如何？除了城市的定義外，更多的理解和確認來自於不同領域的專業人士。以資訊專家來說，一座城市的進步與否，取決於網路或數位資訊取得的便利性；對主張空間正義的人士來說，不同階級分配城市空間的合理性才是重點；對於觀光客來說，城市中打卡景點的多寡決定了這座城市的有趣性和可看度；換言之，對於城市發展的定義，依然涉及意義詮釋和再現符號的課題。

近年來，論及當代西方城市復興的案例，總不忘提起西班牙的 Bilbao 畢爾包，尤其是城市中的古根漢美術館，以及美術館外的那隻「蜘蛛」，不少專家以其每年吸引成

1 古根漢美術館，因其整體城市氛圍顯出藝術性。2 倫敦舞台劇已成為城市一大號召力。

1 日本奈良的城市空間氛圍反映其獨特的文化特質。2 臺灣馬祖的海邊咖啡館，展現不同於本島的海天一色悠閒風格。

1 | 2

千上萬的遊客前往觀覽為例，鼓舞全球許多城市藉由藝術進行改造，期能開創城市復興的可能性。然而，將藝術作為城市經濟復甦的動力與觀點，是否放諸四海都能行得通？若是，必須服膺於何種文化脈絡下才能運作？若非，那麼，透過什麼樣的城市文化再現，才能產製出最多數人認同的象徵意涵，進而促成觀光旅遊人潮的聚集與在地人認同支持呢？

此外，誰來決定一座城市的意義書寫和詮釋的符號再現元素呢？社會學者或許會指認出社會學者傅柯所謂的權力來源，探討不同權力之間的競逐過程和觀看宰制的問題。不過，跳脫學術理論的觀點，直白一點來說，關於一座城市的發展和認知，不僅止於表現所看見的，人們對於城市的理解更多來自於不同訊息的意義拆解、重組、重構和拼貼形塑，其中各種媒介的傳送者扮演關鍵的角色。

2 觀看，可見與不可見

筆者曾在博士論文中解析當代高雄城市空間改造與意象建構的歷程，其中提及高雄城市空間的改造其實早已完成，然而，這些空間改造的意義卻是仰賴特定的時空中媒介賦予新的意義後才被「看見」；也就是說，空間本身不必然連結上某種意義，而須透過符號再現和媒介傳播得以完成（葉思吟，2011）。好比黃色小鴨和高雄城市文化的關係與意義連結究竟為何？透過黃色小鴨，賦予這座城市哪些文化意涵？

也許，這個答案需經由更深入的民意調查與大數據分析才能明白。但在此，提出這個問題的目的不在於判斷好或壞，而是要提醒關注城市文化的形構操作和賦予其特定意義的歷程，以及不同媒介如何鋪陳黃色小鴨和城市文化之間的意義關聯性。對於觀者來說，受到黃色小鴨吸引而探訪一座城市的吸引力為何？因此為這座城市產生哪種改觀嗎？從另外一面來看，一座城市藉由黃色小鴨試圖拋出什麼樣的訊息？試圖藉由這個符號，再現什麼樣的城市文化意義？

此外，對於文化傳播和媒介工作者來說，如何解讀、拆解、重組和拼貼不同符號元素間的意義，並循著特定的時空脈絡，重新「發現」城市的獨特意義，使其看起來「自然」

不違和，同時注入新穎的觀點，使其具有一定的吸引力，賦予城市文化創新與觀看的新焦點，一再考驗他們的改編專業和如何觀看的技能，也就是所謂的「說故事」功力。

人人都會說故事，只是，說好一個故事的前提則需要具備掌握故事的主軸和精確傳達意義的技能。尤其在圖像霸權的時代，如何將故事說得維妙維肖，善用文字敘述以描繪生動畫面，則非每個人都能輕易達成的任務。

說好故事需仰賴觀察力。觀察力敏銳的作家有許多優勢，其中之一為能運用具體的方式說故事，而不是用脆弱的抽象思考，因此應該設法用很多細節呈現筆下角色的感覺（洪震宇，2020:50）。另外，學習思考視覺化，也有助於寫作更精準，故事能更簡潔明快傳播。

傳統新聞學中強調透過金字塔結構寫作概念，主張先思考觀點和重點，擬定大方向和文章結構後，先將重點內容完成，行有餘力再進行文字美化（洪震宇，2020:114-115），上述作法對於文化產業文案的撰寫也相當有幫助。

鑑賞，說故事描繪可視性

我自己在新聞採訪與寫作的教學現場，也藉由類似的操作訓練學生組織一篇文稿，更重要是訓練學生「如何看」，無論是針對事件現場，或者人物專訪的報導，首先都須嘗試抽絲剝繭，從中彙整出所見和所收集資訊的某些特性，再經由思考串接，匯入至少三個具體行動和案例加以描繪，讓整篇文案或報導言之有物，兼具可視性和生動感，甚至可衍生出延展性、影響力。

過往採訪不同城市中的大大小小咖啡店，其中多數店家尚未被報導過，或者採訪對象對於自身的空間並無明確的定位；這時候，找出採訪空間的獨特文化氛圍成為撰稿人的任務。試想兩家分別位在台南和台中市的咖啡店，店內販售的咖啡品項大同小異，連空間設計乍看之下風格也近似，那麼，該如何再現這兩家咖啡店的獨特性呢？如何描繪專屬於它們的文化故事呢？

設想地處台南府城的小咖啡店營業時間和台中藝文區塊的咖啡店不盡相同，前來選點的消費者群相，以及咖啡師慣用的沖泡方式也各有偏好與講究等。於是，學習在店內進行觀察、專注採訪對象的動作細節，乃至於空間中人們的行為或對話等視覺性資料的蒐集，變成必要且關鍵的過程，更決定故事生動程度。甚者，作為一位好的文化描繪者，首先必須成為一位傑出的人類學家，同時也是敏銳的社會學家，若具備視覺、影像技能相關訓練就更完美了。

回過來說，什麼是屬於一座城市和一個空間的文化特性？當探訪一座城市和一處空間時，我們所期待遇見和感受的「文化」究竟何意？與其說是透過語言的論述理解，更多其實來自於從何處及如何領略體會這些「文化」。所以，當論及一間咖啡店的文化特性，我們需仰賴咖啡店內的人、事、物多方面的細節描繪，以及聚焦、融合於某主軸才得以形成，例如強調台南咖啡店的巷弄隨興感，凸顯台中咖啡館的都會時尚流。

3 大主編：企劃篩選＋創意行銷

如此看來，作為文化意義的生產者，不僅須具備採集資料的技能，更重要是需具備編輯知識的邏輯力，也就是評價一件事物此時此刻的價值，並進行篩選（陳夏民，2022:8）。也就是說，生活中充斥著各種資訊，文化工作者也不斷編輯這些龐雜的資訊，試圖以一些有別於以往的觀點看世界，將人事物與世界靈活的重新連結。

所以，學習分解資訊，透過洞察力將資訊加以比較、組合和錯開，找出藏於事物之間的相關性與建立新的組合，即能創造新的意義與價值，而刻意挖掘這類相關性的嘗試就是所謂的「編輯」，執行這類嘗試的能力就是「編輯力」；此外，所謂的「創新」就是透過新的組合成功創造前所未有的事物（安藤昭子，2022:46-47）。

在網路時代，只要輸入關鍵字，即能迅速取得與主題相關的資料。例如輸入「臺灣文化」四個字，就能在網路上看見來自不同平台的討論與報導圖文，然而，每一次需要提煉的臺灣文化概念未盡相同，這時候，就需仰賴「編輯力」篩選和提煉相關內容，再進一步重組、拼貼出有關臺灣文化的圖像，提出雷同卻又創新的觀點。

《進擊的日本地方刊物》作者影山裕樹（2022）考察日本、韓國與臺灣等地編輯現狀後，清楚指出當代編輯不單

文化設計是找出當地自然散發、由來已久的生活形式與趣點，加以重整包裝後，讓更多人能認識與體驗。

是製作書籍、雜誌或網站，「有越來越多的相關專業人員更開始從事開店、規劃活動等超出『編輯』範疇的行動，他們的目的也變得更加包羅萬象，囊括振興地域的宣傳活動，以至打造全新社群」。如今在日本的編輯，所從事的工作十分多樣，而一位優秀的編輯通常具備以下能力：邏輯清晰、會說故事；懂得行銷戰略與技法；有活潑的創意；有將抽象概念「可視化」和「具體化」的能力；有和人群溝通、整合意見的能力。

綜合上述，顯示文化的意義與符號透過編輯力轉化後，可望賦予創新性和可視化，增加故事活潑度，並且達成與人溝通的目的。文化的再現與意義的實踐，其實也就是一連串符碼重新編輯及可視化的實踐，而這樣的過程，亦可以被視為「文化設計」的歷程。

文化設計，價值洞見創新

根據《維基百科》上的定義，所謂設計，意指「設想和計劃，設想是目的，計劃是過程安排」，通常是指有目標和計劃的創作行為及活動。設計圈必讀的選書《設計思考改變世界》作者 Tim Brown（2021）則直接以設計思考作為主題，指出設計思考帶來創新成功的三要素：洞見、觀察與同理心。換言之，設計思考基本上就是一種探索的過程，而其所引動的創新，不再僅限於引進新的實體產品，還包括引介新的流程、服務、互動、娛樂模式，以及溝通合作的方法，這些方法對於開發中國家的經濟力轉型或者城市改造都具備相當的助力。

此概念同樣適用於文化創新或重構上。當代關於文化創新的思考，倘若融入設計思考的內涵，將傳統上著重創造出新的文化產品外，延伸強調文化創新過程的思考邏輯與互動模式的轉變，更重視洞見、觀察與同理心的參與過程，從而重構與再現出更具內涵的文化意義與可視性等，以獲得更廣泛和永續的認同。這也是本書以「文化設計」作為主軸的主要思路。

關於「文化設計」的概念，許多人第一時間可能無法理解，不過，若提起「地方設計」，對關注部落或農村復振，以及文化產業領域的從業人來說，應該不陌生。所謂地方設計，並不是一個給定的概念，而是常和地域設計、地方品牌化、社區設計等類比。近年來受到日本地方設計諸多案例成功的影響，在臺灣也開始常見該名詞與實用指導手冊等。

根據日本江戶川大學教授鈴木輝龍教授曾試圖給予的定義：除了地域景觀和產品的型態設計之外，還有傳統文化手工藝中，以及在人們追求更豐富生活過程中所展現之觀察力、創造力、戰鬥、幽默感、與此而生的行動與在產品中所展現的地域個性之凝聚和表述作用（蔡奕屏，2021:06）。從實際案例上來看，更加關注在地生活感、真實性，同時重新體會與理解鄉下地方的豐富及相對的貧瘠，找回地方自己思考的能力，將有助於讓地方真正創生。

檢視日本地方設計與創生成功的案例，發現他們具備一些共同性，例如真正融入在地生活的田野調查、挖掘地方絕對的價值與本質，但也守住地方的獨特性，再運用轉化為商品或其他有趣的形式傳達信念，把土地的力量傳送至全世界（蔡奕屏，2021:12-23）。環顧臺灣的地方設計案例，或可以從高雄美濃的經驗找到啟發。傳統上以客家文化為主體的美濃地區，過往給人的印象多為粄條與客家小炒等美食，前些年，受到青年返鄉與文化相關單位的扶植，美濃印象逐漸轉變，不再僅限於客家村，而是延展為有機農村、具強烈土地意識、生祥音樂代言和藝術農村等意象，然其中不變的是由在地人為主體所孕育和重新發現的生活真實和文化價值，再經由適度的體驗設計、行銷包裝與宣傳，傳遞出屬於在地的獨特性和美學。

日本地方設計的經典案例高知，主導的設計師梅原真分享整體設計過程，包括切換思路，尤其是從「什麼都沒有」中找出地方發展的潛力和絕對價值，包括在地的早晨市場、宣傳標語等都能成為傳遞這個地方「生活感」、「土著感」文化價值的靈感來源（蔡奕屏，2021:11-23）。從另一個角度來看，日本高知這個地方究竟有什麼獨特性和屬於在地的符號意義呢？若從前文中提起的文化再現與表意實踐過程進行思考，將發現所謂的高知的文化就隱身在該地的日常生活與物質景觀中，包括森林比例決定了在地人生活的樣態，一座橋的存廢爭辯引動的價值觀抗衡等，真實存在的生活面貌，經過賦予新意義與視覺意象的轉化後，讓負負得正，不僅保住面臨消逝危機的地方風景，更再現高知的新形象與新價值。

總和上述概念，地方設計即是重新思考與發現地方的文化價值、屬於地方的獨特性和主體性，以及屬於一個地方的生活感和產業特色為何？相對於傳統上習慣以城市與他者眼光檢視在地的文化價值和意義，在文化產業崛起的年代，改變看待地方的觀點與視角，並透過一定的再現重組、意義改編與操作實踐過程，使其能獲得消費者認可與支持，成為地方文化設計成敗的關鍵。

地方感，獨特記憶、空間意象

除了設計實踐上的新觀點，「地方感」的建構一直都是文化研究和人文地理學領域的重要課題。首先，何謂地方或城市的定義即能引起一長串討論；其次，地方感和城市行銷受到全球產業移轉的影響，進入後工業化時期的國家和地區越來越關注這些議題，無論在學術界或實務界的研究和實踐上均方興未艾。

「地方感」通常指涉一個地方的特殊性質，也指涉人對於這個地方的依戀和感受。前者強調地方的物理或形式或歷史特性，使它成為具有特殊意義和象徵或值得記憶的地方；後者強調個人或整個社區藉由身心經驗、記憶與意向，

1 電影中的西西里意象與真實中經驗並不相同。2 義大利的陶藝展演分享會，特別選在在地公園內舉行，展現陶藝親近生活的特色。3 倫敦街上的皇家守衛典型意象。

而發展出對於地方的深刻依附，並賦予地方濃厚的象徵意義。換言之，探討「地方的詮釋、理解、體驗與創造」是地方感的重點，它同時強調人類主體與身體的感覺、意識和經驗，以及人在生活世界中日常往來活動所創造出的地方與地方感（王志弘，1999:173）。

建構地方感的依據涵蓋自然的文化建構，以及空間的文化再現等議題。自然特徵常常被作為地方感的象徵，例如新竹風城、基隆雨港；特殊的物產也常常被作為指標，例如高雄黑輪、台南的擔仔麵；特殊的歷史事件與節慶也常被用來塑造地方感，例如鹽水蜂炮、高雄美麗島事件；至於特殊的人物也常與地方感串接，例如鄭和與麻六甲、檀香山與孫中山等。也就是說，人對於地方特性的感知，地方感的意義乃是透過人賦予、強化、認識和接受，藉由一個人與地方互動的過程，包括空間活動、空間認識等方式，創造了饒富深意且埋藏於人類記憶與意識中的地方感。

關於地方感的探究與創造思路，正好呼應當代的地方設計的理念與實踐歷程，同樣關注一個地方的意義是如何被「詮釋、理解、體驗和創造」，而設計師所做的即是協助地方找回自己主體性和獨特性，加以重編、強化與再詮釋，進而讓在地人或外地人能夠重新理解、理解並認同，進而不斷融入新的元素加以持續創造。

在地方之外，城市意象與發展也是人文地理學的重要領域，城市或可視為地方的一種型態，對其探討如同地方感的再現議題，但更聚焦於城市意象如何透過視覺的語彙加以表現？一個地方或城市的可意象性（imagability）如何具備明晰性和易讀性？美國知名學者 Kevin Lynch 的著作《城市意象 (The Image of the City)》提供討論地方感之視覺面向的初步架構。

關於何謂城市？何謂地方？何謂好的生活環境？過去經常以看得見的具體意象作為判斷標準。Lynch（1960）當初藉以界定的五種城市意象元素：通道 (path)、邊緣 (edge)、節點 (node) 和地區 (district) 與地標 (land mark)，多帶有價值判斷和功能暗示。然而，隨著時代流轉，加上人文主義、社會學等視角的加入後，對於城市意象的理解和看法也轉向，改為探問：不同的社會群體如何營造和體驗他們獨特的城市意象？這種城市意象和他們的社會經濟地位有何關聯性？與他們的日常生活有何關係？如何影響他們的自我認同？哪些主流的城市意象支配了我們對城市的想像，並且維繫既有的社會運作邏輯（王志弘，1999:174-176）？

地方感的理解也轉向改以空間之社會分析的工具和對象切入，探問：不同的社會群體的地方感是什麼？這種地方感是如何塑造而成的？這些社會群體對於地方感的特殊感受與其生活方式、自我認同和社經地位之間有何關聯？不同的地方感之間是否產生衝突？主流地方感的塑造如何吸納或壓抑其他關於地方感的想像？如上種種面向的思索，也開啟實務領域進行在地文化設計時的不同作法與實踐方式，誠如前文，當地方設計師開始重視在地人的自我思考能力和主體性，從真正生活的真實面尋找線索和重編，才能衍生出在地的獨特性和生活感。

從生活實踐中探尋文化

所以，對於地方感的塑造與文化設計，首先須深入觀察、體驗在地人的生活路徑與思維，透過其實際生活樣態、話語和儀式性等面向深入理解，據此提醒作為文化設計者學習田野調查與記錄的重要性。日本「地域品牌化」設計師

旅行中我們在尋找什麼？網紅推薦的奇觀？或是真正的日常生活美學？

服部滋樹即提出用設計介入地域設計，並非直接把都市的東西移過去，而是首先思考如何保留當地個性樣貌的元素。

因此他主張所謂的設計，就是研究、調查、檢驗、解體、編輯、再構築、輸出的過程；關於「地域品牌化」重視將設計思考的技能，融入地域品牌化的過程，也就是找出講述在地特質和故事的方式，並將之可視化的模組，最關鍵處在於發掘原本被隱藏、看不到的部分，賦予具體的形狀，並且是運用合適的素材和技術加以呈現，再運用設計過的言語、圖片、設定關鍵字、宣傳文案等進行「可視化」的傳達（蔡奕屏，2021:78-87），進而在不同地域，思考不同個性的設計，透過有意識的設計，守住地域獨特性。

這裡，再次提醒透過田野調查深入觀察、挖掘與重新發現城市與地方特色的關鍵性；此外，透過設計將文化特性加以「可視化」的歷程，儼然成為當代地方品牌化的關鍵力，只是，「可視化」涉及時代美學思潮、視覺文化與技術等因素影響，如何再現出符合當代美學潮流的文化設計作品，或者創新的觀看方式，其背後諸多脈絡仍待細思量。

4 可視化，視覺技術延伸

英國大學教授、長期聚焦視覺文化研究的 Gillian Rose 指出，視覺文化不僅關切影像看起來如何，也關心影像如何被觀看。在她觀點中，文化不能被設想為單一的整體，而是視覺影像效果鑲嵌於其中有意義的社會實踐，換言之，視覺再現並非單純反映社會脈絡，而可視為文化實踐的結果，所以，理解影像應從技術、組成和社會的三種模態加以解析（Rose, 2001:15-30）。

循此思路，隨著新媒介與 AI 技術不斷創新，當代深受影像文化影響，對於視覺文化的探討必不可或缺。首先是關於觀看的技術演變帶來的可視性衝擊，我們從電視機轉到手機，從大螢幕轉換到小框架，從定時播映變成隨時隨地觀看，從地域性節目擴延為全球性輸入，自平面拍攝提升為空拍，乃至於衛星俯瞰等習慣，任何一種觀看技術的改變，無形中也衝擊我們對世界、城市與地方的理解，以及影音像等傳播產製內容的思維。

好比我們現在坐在家中，觀看 NBA、MLB 球賽的時間可能遠超過對在地球隊的關注，對於公園美景的偏好，更多可能受到 BBC 上的花園改造節目論述影響；至於美食畫面品評，無法忽略各亞洲頻道上的擺盤、美食攝影書等編排技能灌輸，更不用提旅遊節目或 Youtuber 直播途中所提點的好看、美景或者「人生必遊景點」等觀點與攝錄畫面的潛移默化，那所謂的美感、好看與否，甚至於旅遊行程中可見和不可見的，充斥在各式各樣的媒體載具中，不斷輸送和強化某一類的意識形態，當代主流設計美學觀和視覺文化的霸權持續主導著「可視化」的生產和接收過程。

然而，對這些觀點的省思，並非要推翻或排斥所有現存的美學和視覺主流思維，而是透過檢視現況，期能創造出不同的出路和再現方式，真正能經由重編、再組合，呈現出不違和卻又獨樹一幟的文化設計美感，提升任何一個階層的人都能對自己身處文化區域和生活樣態的認同與自信，形成一種有機循環，生生不息融入、輸出精采多元的文化樣貌。

美學，文化設計內在涵養

文化設計可視為一段思考的歷程，也能解釋為一組文化元素重組和編輯的方法，抑或稱其為一種城市或地方文化感的再現與體驗。無論從哪一個視角切入，有一點無法忽視的是：文化設計無法獨立於時尚潮流之外，更直白一點說，文化設計脫離不了特定時空的文化美學和時尚潮流的影響，生活中充斥著這些案例，只需要環顧 10 年來城市中的廣告招牌、色彩偏好和文化設計標案等具體展現形式，即能理解一二。

因此，當我們說文化意味著生活方式的時候，表示文化設計意味著生活方式的設計，文化設計與所處時空的美學觀也就是關於設計生活方式的美學思考（李崗，2024）。

今日，我們生活在所謂的後人類時代與後真相時代，意思是說人類思考與人工智能之間關係越來越緊密。一方面傳統觀念認為人之所以為人在於理性思考，機器人的深度學習卻愈來愈接近人類的認知歷程；二方面由於大數據資料庫的建置與應用，AI 似乎更能精準分析個人的行為模

每座城市都有屬於自己的美學觀，有意識或無意識地潛藏在服裝、海報設計或街道符號設計中。

式，甚至被用來偽造各種高度逼真的聲音影像。面對 AI 對人類生活方式造成的全方位影響，以及人腦與電腦之間的差異逐漸縮小，最後分辨的關鍵可能就是：設計思考蘊含的情意感受與價值判斷（李崗，2024）[1]。

也就是說，人類的美感知覺與美感判斷，乃是構成各種文化型態的必要條件。F. W. Nietzsche 主張哲學家應該成為文化的醫生，他說：「文化，即貫穿生命的統一風格」、「文化的目標是要促進真正人類的生產」、「只有審美的人才能這樣看世界」（李崗，2000）。換言之，文化設計需要美學思考，缺乏美學思考的個人，無法設計自己的生命風格；缺乏美學思考的社會，無法設計地方的文化風格；缺乏美學思考的企業，無法設計產品的品牌風格。

在學術上，少不了對於「美學」字眼的定義和詮釋。《美學的意義：關於美的十種表現與體驗》書中提到全球各地在不同平台對於美學的多種解釋：美學等於事物的外在，即事物表面的樣子，強調覆蓋在真實上的裝飾性表層或一種外罩；美學等於一種「風格」或感受，「風格」指的是在感知上因某些特點凝聚而成的組合，與其他感知特點凝

[1] 以「文化設計與美學之間的關聯性」為題專訪國立東華大學教育與潛能開發學系李崗教授。

聚而成的組合不同，例如現代主義、龐克風與波西米亞風，看見名稱就會讓人聯想到某種特定樣態或組合的類型。

有些人視美學等同於「品味」或「有品味的」含意，其具有好的或高尚的評價，或者有人將美學和「藝術的」畫上等號，當然，這又與個人如何定義「藝術」的詮釋息息相關；美學也被視為一種「認知模式」，意指人能意識到並主動思考蘊含在現象、事物裡的知覺和情感特質，其強調「思考」的特質，不僅是觸覺、味覺、嗅覺、聽覺和視覺的感官層面，更包含「大腦的感知」。換言之，對於美學的展現，不僅止於感官直覺感受，而是經過深思熟慮後的考量結果，例如一座城市的規劃、一個市集或一場小型展覽會的設計等等。

此外，也有些人視美學等同於一群製作、交易、鑑賞藝術或設計相關事物的人們，彼此使用且相互理解的「語言」，例如一群繪畫班的學生，將眼前見到的景物比擬為某一位畫家的作品；或者建築系同好，習慣性以所學習的知識分析空間佈局等。總結來說，我們必須承認特定的文化擁有特定的美學觀與時尚潮流，即是在全球文化潮流影響下，仍多少保持著自身獨特的美學與風格，同時與文化認同感程度呈現一定比例的關聯性，例如對某些特定色彩的解讀、偏好和優先應用，甚至在某些場域，透過刻意的視覺展示設計以凸顯文化上的異同性，召喚文化與族群的認同感，這些畫面在媒體轉播的球賽中經常可見。以歷年舉辦的世足賽為例，或者美式橄欖球超級盃比賽，每座城市都有專屬的顏色和加油物件；筆者曾在奧勒岡首府波特蘭居留時，周末下午在街上即能見到許多球迷穿戴所支持球隊的圍巾和衣服顏色，儼然一場城市的文化活動。

因此，文化設計與美學之間關係緊密，也可以說密不可分，當談論文化設計即不能忽略美學和文化潮流的影響，當提起美學與文化潮流時，也意味著生活中的文化設計，儘管程度上出現差異，但必然蘊含與呈現其中的流變；作為一位文化設計人，除了理解和掌握這些變化外，更應該進一步思考在設計所採用的美學概念，省察文化設計中的必然與不必然，嘗試創新風格和提出跳脫框架的美學主張。

5 理論＋實踐：從文化研究開展的使用手冊

華特．班雅明（2022）在《單行道》一書中指出，「寫作的筆不要追隨靈感，如此，靈感反而會被磁力吸引一般走進你的筆端。你越是審慎地對馬上寫下某個想法抱持猶豫度，這個想法就會發展得越成熟走向你」。這裡似乎預示腦中思想被寫下時，經過反覆思索後，將會變得越來越成熟，靈感也會在過程源源不絕湧現。

作為文化設計的策劃人與執行者，未嘗不是在做中持續發現。

這本書的寫作初衷，即來自於多年來爬梳理論及數十年相關文化設計的實務工作經驗累積。只是，這不是純粹理論的探討，更不是純粹的職場工作經驗法則，而是兩者相互融合、往返對話的一種作品。

稱之為作品，基於這更像是一本創作，雖然他帶有濃烈的導讀手冊樣貌。稱之為作品，主要考量這裏面涵蓋某種對於「文化」應是如何，以及為何如此被論述的批判思維，但是本書寫作目的不在於指導批判[2]的技巧。稱之為作品，源自於透過這本書的撰寫，嘗試將總是被認為無用與生硬的學術理論，以更為平易近人、易懂易用的方式加以詮釋和應用出來。

換言之，姑且不論文化產業或文化創意產業哪一個用詞較為貼切，關於這個產業所生產的產品(或稱之為作品)，首先我們仍應該先回頭檢視「文化」一詞究竟所指為何？不同的文化產品所欲傳達的符號意義？不同文化情境下的設計與製產思維與實踐歷程？不同媒介平台上的文化產品展現形方式，存在哪些根本上的相似性與差異性？尤其當AI生成器儼然逐漸成為顯學時，作為人類，所謂的「文化」與文化產業又意味著什麼？這股潮流將把我們推向何處？在文化設計的概念下，我們能扮演什麼角色？如何能突破創新？

當概念釐清後，進入實務作業領域，可望加乘案例的分析與策劃的技能。例如，進入地方進行文化策劃與設計時，該如何提問和重編素材；同樣是看，不同族群所看見和想看見，或不想看見和看不見的異同處，以及背後的原因；

[2] 這裡的批判涵義並非反對，而是重新檢視與思考。可參考成露茜(2005)主編之《批判的媒體識讀 Critical Media Literacy》一書。

不同地方的故事獨特性由哪些不同元素組成，取捨標準的判讀；透過文字和影像再現一座城市的復古樣貌時，所採用的語言運用和美學拼貼準則；策展設計主軸選用哪種媒介平台產生特定的視覺效果；預設策展人與觀者之間的對話將迸發的文化意涵等。

從某種意義上來說，作為跨越實務工作與學術研究兩領域的人來說，理論架構有助於實務工作上更細緻的思考分析，實務工作經驗則有助於豐富學術研究的觀察檢視深度與廣度。如同臺灣廣告學研究教父鄭自隆教授（2022）所撰寫《文創：行銷與管理》書中，對於城市行銷提出文創評估指標：創造差異價值、回應歷史文化、打造城市意象、推動城市商品與結合媒體素材；然而，如何具體實踐，生成符合如上指標的城市符號意義，則需透過實際田調、主題策劃和視覺設計等面向逐步落實，同時打造足以因應該文化產製模式的管理體系，使其形成生生不息的循環體系。

因此，將兩者加總和反芻後再現，提供對文化設計思考與美學更深化也更實際運用的使用指南，即是本書寫作的初衷，也是目標。為此，或可將其定調「從文化研究開展的使用手冊」，並且涵蓋從田野調查、文化再發現、議題設定、企劃編輯、統籌管理，視覺影像攝影製作，乃至於策展、互動裝置等操作面向，從 2D 到多媒體、由地方到城市、自課堂到田野、融合文字與影音、同時觀看與被觀看，在作為讀書筆記之外，更邀約一同上路，跨越實踐吧！

CHAPTER II

企劃、探索文化

田野調查：文化「再發現」
如何做？行為觀察法
議題設定，關乎聯想直覺
培養編輯力，豐富話題性
統籌專案力，文化設計必備

概念並非憑空創造，而是「找出來」的。

—— 服部滋樹/graf

企劃、探索文化

文化設計思考

文化設計思考的目的，旨在創造文化的新意義，同時透過文化體驗、文化旅遊或文化產品等具體形式實踐，讓觀者和參與者能更多感受到文化的內涵。因此，如何找出文化的獨特性，藉由各種元素的重新組合，詮釋出新的文化故事與認同感，可說是文化設計的精髓與一切源頭。

以筆者前往西班牙挑戰所謂的Camino「聖雅各朝聖之路」為例，許多人行前常糾結於該選擇走哪條路線？北方之路、法國之路、葡萄牙之路、原始之路，或者英國之路？針對這樣的問題，老手往往會提供幾方面的意見參考，例如新手適合哪條、不同路線上的庇護所和消費額度，以及路上同行者熱鬧程度等對比資訊；然而，不同路線除了這些差異性外，其實背後蘊含更深厚的文化內涵差異性，也就是各自有獨特的文化魅力。所以，與其針對過度實務的資訊加以選擇，若能透過深入的田野調查、選題力和編輯力的介入與元素重組，將能賦予各條路線不同的文化設計特色：北方之路以巴斯克文化與米其林餐廳為主體，法國之路以風情小鎮為主軸，至於英國之路則更像海邊的獨行者修煉場等。

這樣的文化設計思考與實踐，同樣適用於表面上看起來十分類似的城鎮案例。例如在北方之路上，一個又一個的海邊城鎮之間，存在哪些非要認識和遊逛的文化景點呢？是哪些文化元素形塑出某些城鎮迷人的魅力？吸引朝聖者必須停下來好好觀覽？如果藉由一個響亮的標題標籤，我們又會給予聖巴斯汀、畢爾包與鮮為人知卻獨樹一幟的 Somo 等小鎮什麼樣的文化形象與標題？

這些文化設計的過程，絕不可能僅限於紙上談兵，或者網路資料搜尋而得，若想比一般遊客更確切掌握其所蘊含的文化意義，則需仰賴如前章提起設計思考所述的調查力、同理心與故事力等層面綜效；換言之，也就是從田野調查、文化再發現、選題策劃、編輯力，乃至於統籌專案力的整體發揮，本章也將循序漸進加以陳述說明。

1 同樣是港灣，Santander 以海邊當代美術館展現現代美學特徵。2 位處西法邊界的迷人港灣 Pasajes，簡潔雕像訴說在地人賴以為生的港灣產業生態。

1
—
2

1 田野調查：文化「再發現」

田野調查，四個字看起來不難理解，然而，其中隱藏許多學問。在社會科學研究領域，甚至會針對田野調查特別開設一門課，而在新聞採訪專業，還會因此加開調查採訪、深度訪談與深度報導等課程或專欄，通常需要資深媒體人帶領進行；此外，這兩年，隨著散步學和日本文化創生等觀念的影響，坊間也開始出現有關「田野」實地研究基本功等技能傳授書籍，可見田野調查存在方方面面需細究的技能與訣竅。

何謂田野？

傳統上認為走出實驗室的實地考察即可稱之為田野調查。學術上的定義，一般上主張田野就是「田野工作」（fieldwork），概念起源於 20 世紀初，人類學祖師爺馬凌諾斯基在初步蘭群島的研究方式——與當地人共同生活、學習當地語言和文化、參與觀察——也是人類學家常用的質性研究方法，但田野過程中，研究者的角色、主觀經驗、與當地的互動、權力位階關係、政治歷史脈絡等，均會影響其對當地文化的認識與詮釋（郭佩宜、王宏仁，2019）。以當代的概念來說，不僅是室外，甚至連家庭客廳、職場辦公室、小店空間都可視為田野的一種，範圍大小不是問題，主要指涉所有實地參與現場的調查研究工作。

而想成為一位好的文化設計人，學習如何在田野調查中發現、挖掘尚未被看見、重視的文化細節元素，透過重組使其發光發熱，同時獲得當事人和外來者的認同和青睞，可視為最基礎，卻也最重要的環節；過程中涵蓋如何看見、如何發問、長期蹲點及換位思考等面向。

《田野敲敲門》一書即以打開感官作為開場，並就發展提問、訪談互動等面向加以探討，最後再針對素材整理到書寫大綱與完稿等面向細述，書中提起「島內散步」的共同創辦人魏兆廷將田野調查的深耕轉譯，具體實踐於小旅行的規劃、設計和行動中，把旅行變成接觸與了解在地社會重要議題的探索過程。

而在傳媒深度報導與紀錄片製作相關領域中，同樣強調打開五官，找到「新聞點」的必要性，並且要兼具「意義性」，也就是不僅止於表象的報導，而是強調延伸和聯繫，對一個議題的背景與複雜脈絡加以梳理（康文炳，2020）。然而，如何掌握複雜的脈絡和找出選題的意義性，這些均仰賴田野調查的概念、態度與技能。

首先，以設計在地文化為前提的田野調查，必須先放下想要直接引入外部經驗的念頭，取而代之的，應該是從渴望深入探訪、認識一個地方，或者渴望探索產業、事物的

跟著被採訪者一起散步、多點時間停留，往往能夠發現未曾發現的面貌。

初衷切入，也就是田野調查的精神。從廣角切入，進而拉近與在地的距離，透過實際參與和感受，對照、挖掘出文化獨特性，如此才能鋪陳出主題的不同視角，以及對於事物的另一種觀看角度，以凸顯地方的真正特質和可看性，同時透過文化再現的載體加以傳播與行銷。

以筆者多年採訪有機茶農為例，初次進入茶鄉拜訪時，首先必須學習和當地人一起做工，避免蜻蜓點水似的匆忙來去，尤其在製茶季節採訪時，最好能停留多日，和在地製茶師傅等現場工作人員坐下來吃飯、聊天，拉近彼此距離，也才能真正看見有機茶與其他種茶類在製作過程中的差異性，以及茶山上才有的季節工作風貌和餐飲文化，這些均可構成茶鄉文化設計的體驗元素與意義內涵。而事實上，這些現象對於在地人來說，並非新鮮事，但對於進入田野的人來說，卻是新的發現。

此外，進行田野調查前，需要對相關議題先進行一番資料搜集，如同記者採訪前，可以透過數位網路媒體盡可能掌握相關資訊，了解已經被報導或關注過的角度與文化設計現狀；例如有機茶園的文化體驗，相較於慣行茶園的套裝設計，應該更強調和凸顯哪些元素與過程？在田野調查中的經驗，哪些可以轉化成為文化設計的有趣情節？以筆者曾在採訪時不慎落入牛糞池為例，不僅可以成為文化設計中說故事的一環，也可就此延伸探索有機茶園管理的奧妙，從一個未曾思考過的點切入，抽絲剝繭，追尋出有意義的議題設定。

跳脫主流思考，蹲點挖掘

如何跳脫慣性思考，找出未曾發現的新觀點？

首先，田野調查或採訪採集資料時，刻意強調文化非流性與在地觀點，或是不與已經存在的主流文化宣傳重疊，甚至要能揭示出主流媒體與觀點未能深入或察覺的面向，這樣才能凸顯出城市與地方特有的文化視角和風格內容等。

回顧在《小日子》的策劃採訪經驗，經常在編輯會議上，討論提案時第一個被提問的總是「這個議題曾被報導過嗎？」、「別人是如何報導？」、「同樣是台北的咖啡館，有什麼不同之處？」、「除了這個角度，還有其他未被發

跟著在地人探訪他們常去的地景，或者一同逛市場、看球賽，有助於拉近彼此距離。

現的獨特之處嗎？」等。我也曾經參加媒體團前往高雄甲仙採訪時，在過程中即不斷探詢當地還有什麼隱藏的文化空間？或者是同一個空間裡隱藏未被發現的角度 ？在很短時間內，想要很快獲得答案往往不容易，這時候便需要借助在地文史工作者或和在地受訪者多聊幾句而有所得。

以屏東三地門的原民部落採訪為例，不同時期進行探訪總有不同的新鮮事，也能夠呈現不同的部落文化感。在小米收成季，可以聊聊小米在部落復振的故事與文化底蘊；遇上咖啡採收季，不妨跟著返鄉青年走一趟咖啡林，在路途中聊聊部落人的共生關係；甚至安排個時間一同上山打獵，經由涉水過溪的患難歷程，深刻體會部落人對於天地萬物的生命態度。

如何進入田野？

盡可能深入了解地方人事物。聽起來是很容易達成的目標，實質上並不容易，尤其對於外來者想打入一個陌生的社群來說，更不容易。

以我親身例子來說，在新書《哈囉！山上的朋友：台20號南橫公路之旅》發表會上，經常有讀者問我：「你如何認識那些山上的朋友？」、「透過什麼樣的方式親近他們？」這些提問，讓我因此回想起當年在新聞採訪課、研究所質化研究方法課上所學所教的內容，也就是社會學研究中經常提起的田野調查與「蹲點」概念，尤其是「如何進入田野？」關鍵問題。

中央研究院社會學研究所研究員，任教於清華大學與臺灣大學社會學研究所的謝國雄教授在所著的書中，提起「田野技法是一個動態發展的過程」，特別以〈茶鄉社會誌〉作為案例，說明「如何破冰」。當時他提出為避免一開始就被歸為某派系，選擇從認識茶鄉「歷史」切入，藉此可以讓受訪者比較容易理解命題，再者，若被認定為歷史，一般人會比較願意敞開心胸回應（謝國雄，2007：42-45）。

多數的訪問，都是以閒聊方式進行，聊到的話題五花八門，如何解讀閒聊中所透露出來的訊息？確認其正確性？因此必須不斷的提問：其所呈現出來的社會與文化圖像是什麼？內容、脈絡與弦外之音又分別為何？每個社會都會以其特殊的方式再現自身的存在，例如「山村人性子慢」。山村人會有其言行特色：在地範疇、在地人的言談、在地人的行為等。「長期互動才可能有預期不到的訊息出現」，透過一次又一次同一個地點訪問、一起做事、散步、聊天等互動形式。不過，在田野中有一個需要謹慎的地方，通常敢直言的人比較容易受訪與互動，但採訪者相對就要更小心求證，並透過問、看、紀錄與分析，多次來來回回、接觸相關的他人，慢慢地釐清和找出真正想要聚焦的議題（謝國雄，2007：42-55）。

如何破冰？

進入田野，如何破冰，也是一門學問。我曾多次在講座分享中被提問。

管中祥在中正大學開設「民雄學．學民雄」課程，歷經五年的調整與經驗累積，2022 年 6 月初在接受筆者電台節目訪問時[1]，指出「為了避免學生初次到田野現場，說了不恰當問題，因此採取跟訪的方式」，每一次的出訪，

[1] 筆者於 2022 年主持之高雄教育電台「漫遊者的異想世界」節目。

都會有老師或者課程助教陪同，一來讓被訪問對象感受到被尊重，另方面也避免缺乏經驗學生的尷尬或人際上的不恰當回應。

另外，為強化學生田野調查的信心和熟悉感，管中祥採取主動邀請附近聚落的受訪者到校接受訪問的策略。換言之，在學生尚未前往田野實際探訪時，透過有經驗或者與受訪者熟識的人引介，邀請田野中可能會遇上的對象到校，藉由和學生圓桌對談形式，進行「破冰」，搭起雙方首次見面的橋樑，讓學生尚未進入田野就有和探訪對象互動、對話機會，熟悉對方的「語言」，藉此也讓未來可能的探訪對象先認識自己，便利未來進一步聯繫和拜訪的熟悉感與信任感。

信任感的建立，對於田野探訪和報導順利進行，可說十分重要。尤其若能先熟悉雙方的動機和使用語言，可避免不必要的猜疑和時間消耗。此外，關於訪談後的報導內容，也應盡可能與對方確認，甚至取得刊登授權。根據管中祥在「民雄學．學民雄」經驗中的分享，他們每一次舉辦成果展時，均會邀請受訪者蒞臨現場，如此更能增加對方的肯定和理解，也進而延伸出往後的聯繫與合作，也是這個課程計畫能持續延伸與吸引新成員的關鍵因素。

習慣作為採訪者，有時候我們可能需站在對方立場，以同理心反問自己：我們的訪問對受訪者有哪些貢獻或幫助？報導的初衷為何？或者，我們預期報導的主題是否已一再重複無新意？前去採訪前是否已做足了功課？對於相關資料盡可能掌握了解？有時候，對方並非不願意受訪，而是歷經多次被探詢同樣的問題後，心生倦意，或者無法感受到來訪者的誠意而退卻，所以，嘗試找到新的議題切入點，提出值得被接受的理由，還是有機會能獲得信任與回饋。

《南方發聲》[2] 刊物的編輯游淑燕回憶道，在採訪前，她們通常會和老師（總編輯）討論「要問什麼問題？」、「要如何記錄？」、「從中抓出哪些重點？」，特別是在和受訪者的聊天互動中，如何從看似輕描淡寫的聊天內容中找出重點？往往決定一篇報導的精彩度，不過，結果取決於不斷練習和對情境的掌握能力。

[2] 高雄第一社區大學「高雄公民新聞寫作社」製作發行的刊物。

有一期報導主題設定為關懷遊民，為此，她們先拜訪了一些社福機構，然後接觸到高雄行德宮，在那裡認識一些志工和遊民，幾次接觸後才慢慢和他們攀談，並取得信任。由於身份特殊的關係，採訪的過程未如預期順利，但當時她先告訴煮菜的志工阿嬤：「希望透過我們的報導，讓更多人一起來關心這些人和他們的事情」，後來終於取得同意，並透過她得以訪問到遊民當事人，進而走進他們的世界，揭開不為人知的一面。當時，游記者也幫志工阿嬤拍照，當期雜誌出刊後，廟方亦購入雜誌放在宮廟裡，並且將那張阿嬤的照片放大掛放，留作一個表彰紀念。自此，她與宮廟之間持續互動，進階為超越採訪關係以外的另一層夥伴關係。

所以，當在田野進行觀察採訪時，首要關鍵還是需返身自問：我們對於受訪者足夠尊重嗎？真的想要認識理解？或者只是為了交作業了事？願意花多少時間在田野？同時參與對方的活動或日常生活？透過誠摯表現出的行為，展現對報導議題的相當程度理解和興趣，應該是很重要的一件事情，實際感受當地人的生活氛圍，例如早餐吃什麼？早餐店營業時間與當地人作息，湯飯裡面會加哪些配料、調味料？

一直存在金門的風獅爺與部落傳統小米文化等老物件，被重新發現成為新亮點。

問對問題，長期深入

除了放下身段、深入在地、和當地人一起生活、長期蹲點與參與實作外，田野調查的成功與否，也與問對問題息息相關。

我們常說，問對問題才能做對事情，問對問題也才能找出解決方案；有時候，一個好的文化設計點子，可能是源自於出奇不意或精心設計下的提問所得。

以金門花磚為例，存在金門古宅幾十年的花磚，一直未被人注意，直到有心人多問一句，發現其中蘊含金門發展的歷史人文脈絡，從花磚可見發展文化史，進而透過系統的田野調查與再創造，造就文化設計的一張美頁，不僅保存花磚美麗，也提供對金門人文發展的認識。所以，問對問題，找對問題，可說是田野調查中成功與否的重要關鍵。

如何問？問對問題往往是傳播媒體人的專業，也是寫故事人不可或缺的靈感來源。因此，關於文化再發現，不妨從傳播學、新聞採訪企劃與行銷法則上展開提問入手：從

咖啡或茶作為一種文化載體，重要的是問出背後生活哲學。

傳播議題設定與品牌行銷的角度來看，一座城市與地方可以賣什麼文化？你的產品和別人的產品有什麼不同？透過議題設定與行銷定位的概念，能夠掌握哪些獨特的優勢？推出強勢的文化產品？

具體化描述，掌握關鍵處

訪談與提問技能需要經驗的累積和修正，不過，若能事先掌握一些技巧，將有助於田野調查的訪談事半功倍。首先，嘗試從訪談中的關鍵回答再進一步探究，通常能夠挖掘出意想不到的精彩；其次，請對方針對回答的內容加以具體化說明，通常也能夠獲得更詳細和活潑的畫面感。過去採訪咖啡人時，經常需要模塑和建構不同店家的獨特咖啡文化，如果只是從外表描述咖啡種類，或是職人的頭銜，往往會流於空泛也缺乏感動；為此，還特別花時間研究咖啡人的養成歷程，學習沖泡咖啡的基本技巧，並應用於田野調查觀察與採訪提問中。

因此，雖然提問「為何開咖啡店」、「開咖啡店的初衷」為必要的基本題，但若能進一步探問「透過哪些面向的設計，讓客人感受不同的咖啡精神？」，「在沖泡咖咖時，會講究哪些細節？」，以及「常來的客人，通常會如何互動？偏愛哪類的咖啡？」等，相信將能獲得更具體與豐富的對談內容，也更能掌握和描繪出所反映出的獨特風格、設計觀點與想傳遞的咖啡文化。反過來，若有人想開一家咖啡店，不妨透過這些提問反思，可以透過什麼樣的設計，不只是空間，也涵蓋器物和體驗流程，創造出想要的小店風格，傳遞心目中認可的咖啡文化。

謝國雄（2007）也曾提起，當話題卡住了，或者無話可聊了，那該怎麼辦？因應之道是從受訪者的日常事務聊起，例如村長經常碰到的問題（為村民做哪些服務？有什麼具體的例子？）繼續追問，透過親身經歷對談，無形中也能看出村民日常生活中關切的事務，進而可以看出村民的社會生活與社會網絡。此外，透過參加鄉裡或社區活動，認識參與的朋友、和左鄰右舍聊天、拜訪朋友的朋友等方式，均能有助於田野調查順暢與資料收集更加趨向多元、周延完整。

2 如何做？行為觀察法

提問之外，若能實地參與生產流程，透過行為觀察法，將能更快融入當地情境，也更容易發現未曾注意過的生動議題。

畢竟，如何「做」這件事情，背後深受傳習技藝脈絡與實踐操作經驗決定。

根據多年茶山文化採訪、觀察和伴隨多次「做」的經驗，親身觀察後的體悟、情境描繪和勞動者動作描述，往往更能深刻與到位。例如製作紅茶的過程，多數人都知曉揉捻步驟對於紅茶定義的重要性，但是揉捻的時機掌握和輕重度，卻無法透過訪談傳達，通常製茶師父以一句話「視茶葉當天情況與經驗判斷而定」輕輕帶過，卻無法細緻描繪出每一處茶山受到不同環境氣候條件下，所連帶對後續茶葉產製過程產生的影響，以及屬於製茶師傅的獨門技法與功力，唯有透過親身參與、陪同製程和追蹤發問，才有可能觀察與描繪出屬於在地的生動畫面，尤其是在製茶過程中，專屬於師傅之間的對話和語言。

相對於讀者而言，能否透過字裡行間呈現產業的「行話」，往往也決定採訪者能否獲得在地人或製作者的認同，而這些行話通常也蘊含在地語言和文化的獨特性，即能更貼近在地心聲，例如茶山上慣用台語作為溝通，若能結合在地語彙進行田調與採訪，不僅有助於融入在地文化氛圍，也更容易循線追問細節。此外，參與實作有助於體會到受訪者（報導人）「講不出來」的經驗，透過參與其作息，與在地人一起生活，體驗到老街上的行走、老人的生活節奏、空間經驗、聽覺經驗等（謝國雄，2007）。

美國心理學家、人本主義心理學運動發起人卡爾．羅傑斯說：「一個人就是一個世界。」不僅聽，還要不斷提問，問細節，問對方的感受，問對方是怎麼做的，更加激發對方的講話慾。除了聽訊息，也可觀察對方的肢體動作，如此不只能經歷對方世界外，也可更深入對方的精神世界；此外，請對方分享他們讀的書、關心的事件，通過共同的閱讀、話題延伸，彼此之間能有更深入的理解，透過節奏、情緒、細節，建構起對一個人、一件事情更加系統且立體的看法。換句話說，在田野訪問，應秉持足夠開放的心態去聽、去讀、去觀察。

3 議題設定，關乎聯想直覺

有時候，文化設計成敗的關鍵，與其說仰賴設計編排技巧的高超，不如說選題的聯想力與直覺力才是成功與否的關鍵。

以高雄設計節為例，一個以城市為名的設計文化節，還能如何突破舊有框架，展現活力？

連續幾年，高雄城市設計節直接連結青春主題，整合大學生設計科系畢業展覽為主題，除了擴大青春活力參與度，也透過年輕人視角和設計技能，重現高雄城市的新面貌。這樣的主題策劃，不僅刺激對於高雄文化更多元的想像，另方面也透過新一代的創作思潮，顛覆過往嚴肅的再現形式，搭配「Yes! We're Open! 設計開放中」、「高雄設計中」、「由小而大」等議題設定，巧妙重塑城市文化形象，同時展現這個城市正在進行中的設計思維。

事實上，對於一座城市或地方文化的設計作品，不僅透過節慶展現，提供感官體驗外，以地域文化為主題的小誌往往也扮演重要角色。換言之，我們如何感受地方感或城市獨特性？在前往探訪之前，我們可能已經閱讀與觀賞過各種媒介對於他們一而再、再而三的行銷和報導圖文與影像，以致於產生新的想像。所以，關於地方的文化設計，不僅從空間改造開始，也和媒介上的意象翻轉息息相關。

日本《BEEK》[3]是一份希望讓讀者更深入認識故鄉為出發點的免費在地誌，目的在於重新開啟認識故鄉的途徑。創辦人土屋誠出身山梨縣，從東京回到山梨縣後，投入實現長期以來想做的事情 ---- 辦一本紙本雜誌，在不接受廣告或委託情況下，獨立製作完成採訪、攝影、排版與設計等流程，並以「傳達山梨人們的生活」為定調，有別於一般地方公關宣傳的雜誌偏好放上大尺寸景點地圖、介紹好吃好玩之處，《BEEK》每一期都有設定的主題，並由主題延伸出在地人們的臉譜與故事（蔡奕屏，2021:234-237）。

因此，第一刊主題為「我的工作」、第二刊為「喜歡的書」等，每一期的主題均環繞著住在山梨縣的人們故事，透過照片中的光線與有趣、細微的文字描述，潛藏著讓人想去山梨縣看看的線索；在刊物定位思考上，《BEEK》

---

[3]《BEEK》線上網站 http://www.beekdesign.com/。

主編土屋誠是這樣說的：「當我們認識、了解一個地方後，好奇心一旦被打開，不有趣的地方轉身就變成充滿魅力的地方了（蔡奕屏，2021:232-237）」，透過免費刊物與特殊選題方式，創造更多人參與、連結，延續更多人的接觸與傳遞，吸引跨界連結與合作，並且順應不同的地方特色，融入不同美學概念，設計出烘托地方感的多樣化雜誌風格。

找靈感，祭典不只是祭典

有些在地刊物，為吸取外地人的觀看角度，以提升在地形象外，更希望在地讀者能透過雜誌重新認識身處的土地，產生「原來這裡有這麼迷人的地方」，或是「這裡莫名有種懷念的感覺」等，通常會刻意邀請其他縣市的編輯參與，藉由與在地人觀點的碰撞討論，以發掘城市魅力，日本甜點老店「種屋」出版《La Collina》[4]即為代表案例。

這樣的做法雖然花費比較多成本，尤其是編輯採訪的交通費與住宿費，但因為雙方的著眼點不同，磨合雙方觀點的作業過程正好帶來刺激；而當透過一個月兩至四次的協調與聚集，一面散步、一面討論下一期的內容，同時認

[4] https://okapi.books.com.tw/article/11385。

想挖掘在地特色和有意思的人物，往往須經過多次拜訪，甚至透過在地人搭起橋樑表達誠意。

識越來越多的人，深入與窮究在地人生活與故事，往往花費一年半採訪，才挖出故事的真正樣貌（影山裕樹，2018:159-164）。不同於只是報導地方風俗為主的「情報誌」，這本刊物無論是內容或視角都獨具特色，其中《宮城銀髮交流網》聚焦當地老年人的生活報導；由百年家具店發行的《飛驒》，則在裝幀上展現巧思，透過設計邀請讀者手動裁開紙張才能翻閱，內容專門介紹這個昔稱「飛驒」地區的木造歷史與森林之美。

選題多樣性的前提，需要更細緻和全面性的認識在地生活文化內涵。所以，主編根據在地人提供的選定受訪者名單，經過多次拜訪，並從談話的內容中，慢慢決定特輯主題。以祭典報導為例，並非拍攝當天活動照片而已，而是關注祭典與當地人的關係，前後多次採訪以調查出祭典的主要精神。尤有甚者，在祭典舉辦季節之外，編輯也想了解沒有祭典的時候，當地人在做些什麼？主要目的是和當地人熟稔，往返好幾次採訪與拍照，最後再濃縮出只有 24 頁的特輯。影山裕樹（2018）認為「有些故事若只採訪一次，是挖不出來的」，唯有透過長時間的耕耘，創造在地企業團隊和外來編輯製作群「一起做出這份雜誌」的彼此認同關係，建立從雜誌紙面滿溢而出的深厚關係，協助企業宣傳雜誌長久根植地方」。

上述的案例提供選題與議題設定階段的複雜性與重要性，而其決勝關鍵在於多聽、多看、多感受，以及多走動。藉由深入和多次探訪，盡可能與當地人互動了解，從聊天內容發現前所未知的人際關係和社會網絡，不經意間的一句話都可能成為十分有意思的主題。好比筆者曾在嘉義北港採訪鳳梨製品烘焙師時，無意間發現當地也是桔梗花的重要產地，至少兩代人以此為主要謀生依靠，也形成獨樹一幟的聚落生活交際與產業型態。

頻探訪，共餐提高熟悉度

2013 年，筆者加入《小日子》團隊，負責企劃撰寫《遇見新北 12 個旅行生活故事》一書，首先前往新北市水金九（水湳洞、金瓜石、九份）進行文化旅行探訪。當時不只是我，不少人對於水金九應當都還十分陌生，當時相關文獻報導多數以九份老街觀光路線為主，其他資料相當缺乏。我根據主編提供的採訪名單，嘗試打電話給水湳洞山城美館的主持人，表示希望能前往拜訪，同時邀請在地人帶路介紹在地文化，然而，在彼此陌生與在地人往往忙碌無暇多理會的情況下，只能先行前往拜訪後再視情況安排後續採訪行程。

還好，由於設定要完成深度文化小旅行報導，因此，一開始即預備將停留多日，除了希望藉此能藉由在地體驗，深入感受當地人與職人的真實生活，也考量到受訪者在不熟悉情況下，開始接觸時通常會保持戒心，未必能夠真正敞開分享，所以，在與代表人物訪談外，透過親自居留、散步體驗或與在地人聊天的過程，感受和挖掘在地特色，十分必要。

那次在水金九的多日採訪經驗，對我與後續的地方文化相關議題開發上十分具啟發性，也驗證過去在傳播課堂上關於田野調查與專題報導等所思所學。

首先，對於「地方」人事物的採訪，應該安排更多時間停留，城市人習慣的效率和準確性，對於不同工作樣態的在地人來說，有時候並不方便配合，例如，地方上的人往往身兼多職，工作的地點也未必集中在一處，一整天的採訪行程，可能需要安排多位夥伴分階段陪伴和配合；此外，若想挖掘地方上的真實生活與關係網絡，通常需要經過一定時間的互動、聊天後，才能慢慢掌握，否則容易淪為「片面」或特定的觀點，難以掌握全貌，自深度上也容易欠缺第一線實地觀察的效果。

在水金九採訪的第一天，多數時間僅止於陪伴工作、旁觀組織互動和針對特定問題提出發問，但對於在地人事物的樣貌仍缺乏詳細資訊，不過，當和在地人互動後，他們也慢慢能了解我的來意，更清楚可以安排哪些人受訪、帶路，同時約定隔天見面、訪談時段，協助一步步建構起在地文化旅行地圖。印象最深刻為採訪當時進駐水金九的各類藝術家，請他們分享移居該地的原因，多數提起主要深受到雲霧飄渺和四季風情變化吸引，將其形容為「天然畫布」，也讓我對於這座落寞山城重新改觀，決定好好發現屬於這裡的美。

然而，在地人的日常工作有時候無法因為我們的到訪而中斷，因此受訪時一邊進行手邊工作的狀態時有所見，我

1 上山下海，無論在城市或部落，停留時間長短，決定了能看見的風景。2 深入探訪，嘗試和當地人一起做工，或坐下來聊天，將能感受獨特的生活感。

1
—
2

融入在地生活模式；和在地人一起看球賽和表演，
可快速拉近彼此距離。

們也必須予以尊重：當時山城美館主持人阿諾親自外出採買、趕回下廚煮中餐，揮汗淋漓中大夥一起品嚐熱騰騰米粉湯的場景，至今仍是我多年採訪歷程中，始終難忘的深刻畫面，藉由此，我也更深刻認識到在地社區文化產業運行的樣態，感同身受受訪者提起的那種共生關係，這些才是真正屬於在地的生活樣貌和意義實踐方式。爾後，這些情景也變成我常在演講分享、採訪技巧提點的重要素材。

換言之，關於一地文化的採訪與書寫，以及文化體驗等設計，不適合一開始就帶著明顯色彩切入，更應該避免以一種外來者高高在上的姿態進入田野，放低姿態才能以合宜的觀察視角、切入的議題適度開展。以發掘農村議題為例，強調型男回鄉務農固然是不錯的題材，也具有視覺上的吸睛力，但在主流或官方媒體多數聚焦於此的狀態下，嘗試把關注焦點放在農村裡面較為細節的部分，例如老農與青農對於「下田」這件事情的看法、農村裡家戶的拿手菜、時令村聚活動等面向，盡可能投入時間與探索細節，往往能發掘出選題的獨特視角與五感素材，開啟與拓展觀者與讀者對在地人行為與產業型態的更多認識，無形中提升在地人對自己生活日常細節的重視，藉由符號意義改寫與設計重編，連結強化與在地人的互動感，創造農村文化的新風景。

4 培養編輯力，豐富話題性

在新聞編輯採訪中，存在一個5W1H的定律：Who、When、Where、What、Why、Which and How，這個提問與撰稿的法則，如今也經常被運用在故事力和網路行銷文案等技能培訓上，同時搭配所謂的「新聞價值」的選題概念，有助於快速養成文案書寫和文化設計說故事的能力。換言之，所有事件報導或文案書寫，乃至於文化設計均脫離不了5W1H的架構，透過該架構，可以很確實掌握人事物的各面向，再根據其中的趣點或疑問加以深化，往往能夠發現和深掘意想不到的文化內涵與生活意義。例如紅藜與小米對於原住民部落的特殊涵義？臺灣原住民之間的飲食文化異同性？以及形成這些文化的背後因素與時代意義？這些問題都值得文化設計人細細考究，並透過臨時的敏銳反應，嘗試找出其中的關鍵影響因素和影響文化脈絡，經過梳理後將能成為文化設計中饒富趣味的元素。

曾經採訪卡拉卡富原民族群為例，當時在部落餐會上，經由提問，部落婦女指出能申請認證可獨立形成族群的主因，來自於過去祖先以溪邊漁獵偏重溪河中生物為主食的印記，不同源於強調狩獵以肉食為主的族群；因著採訪者的「專業」提問，引導出食物如何反映出文化間差異的特色，無形中增添故事豐富度；如同前一章強調文化是「日常生活中的意義實踐」概念，文化設計也應該從日常生活中的具體行為挖掘出細微之處，並將其提煉、重構成有意義的故事、符碼元素等系列組合。

以為很熟悉，其實不深入

在前言中，提問「提起臺灣文化，會以那些具體意象加以描述？」許多人以美食作為一個地方文化的象徵符號，例如四川麻辣、山東麵食與廣東燒臘等，那麼，哪些食物得以代表一個地方的文化呢？從另一個角度來說，對於臺灣文化，我們真的夠認識嗎？對於臺灣美食，除了臭豆腐和鳳梨酥，是否能嘗試用其他食物介紹與再現臺灣？

2016年曾在臺灣掀起風潮的日本《東北食信通》一書與雜誌，掀起臺灣文化界一陣回響，不僅是創辦人從無到有開辦小誌與帶動產地經濟效益的故事振奮人心外，由一本美食雜誌連結掀起的在地文化經濟行動，間接也刺激在地人和消費者重新發現產業魅力和文化季節感。

《東北食信通》刊物的主編高橋博之在書中提起「我認識了許多漁民，也知道了他們的世界有多美好，只要有更多的人經歷過同樣的事，一定也能夠瞭解。……讓消費者多認識漁民朋友，應該是很重要的關鍵（高橋博之，2016:58）。」因此，高橋博之（2016）表示會同一群志同道合的朋友，決定把情報誌當成主體，不跟其他既有的食材宅配服務競爭，目的是希望透過關係的翻轉，向社會提供新的價值。他們也透過在執行面上幾項關鍵作為：長期投入一級產業打造品牌的刊物設計師，為了取材，選擇親臨當地吸收東北的文化與氛圍，當看到藤花開時，不自覺對比當地與所居住關東城市的花期，深刻體會到「季節感」獨特性，並將其融入在雜誌的設計色調、構成版面上。

簡言之，長期蹲點與陪伴提供再發現的可能性。「很多細節不到現場就無法瞭解。我想透過媒體，讓住在東京的人察覺平時忽略的事。」《東北食信通》設計師投入、發現在地食材採集、生產與運輸歷程，進而轉化成為雜誌題材的過程中，從開始到結束全程參與製作，以具體展現東北大自然的循環（高橋博之，2016:72）。

此外，大大小小的漁港之間還能存在與設計出哪些文化的差異性呢？

在一場邀請日本不同地區的食信通聯盟執行長分享會中，他們強調透過雜誌試圖拉近都市與鄉村的距離，把生產者變成明星，讓生產地成為人們心底另一個嚮往的故鄉；透過重新企劃與再發現生產者的故事，凸顯屬於不同產地的生活文化，討海人的與森林系的採集方式特殊涵義，或者夥伴關係等，並經由不同的文字與視覺再現，提供看見這些地域的另一種樣貌，或許這些生產方式原本就已經存在，但是透過不同視角的切入與主題再包裝，得以成功行銷不同產地的魅力文化，更加體現獨特性，甚至連在地人的衣、食、住、行都能成為賣點，吸引更多人想要一探究竟。

此外，雜誌編輯長期參與、深入產地現場實地探訪，真正深入產地季節感，每一期推出的食材製作過程，就是開闢出一條新路，不僅提供文化體驗新組合，也掀起一股新的消費浪潮，提供相較其他雜誌更多的可看性與親切感，自然也能重塑出過去隱而未見的地域文化感；換言之，透過田野調查與策劃編輯作法上的調整，讓遠在他方的消費者更能體會在地感，創造文化設計新典範。

過程中，一方面仰賴田野調查細緻的再發現，另方面也借重所謂的編輯力，亦即從擅長說故事的人眼中，挑選、重組成具有可讀性、吸睛力的主題，進而提出圖文編輯等設計策劃，以呈現出截然不同的文化感與新鮮感，即使同一個地方的不同季節感也能成為很好的文化設計選題。

以臺灣離島為例，許多人知道金門是戰地最前線，澎湖是海鮮聖地，那麼，馬祖呢？

筆者前幾年曾多次前往馬祖探訪，十分喜歡那獨特的小島風情，尤其是當地人對於海的描述，具有不同於其他兩個離島的想像和生活經驗。比起多數人對馬祖大坵島的印象是梅花鹿，我更難忘的是小島一望無際的「蓬萊仙島」，

1 站入海中回看島嶼，將是完全不同的感官體驗。
2 同一座海島，歷時多次的拜訪總能發現新的題材。

1
2

以及環繞小島過程中，無論哪一個轉角都會遇見「驚喜」！所以，若論及馬祖的文化設計可能性，更願能將這些獨特的文化意象進行更適切的重組和詮釋，也就是換個選題加以議題設定。

How to see？社會學與文化研究視角

發現和開啟新議題的技能，並非短時間內即可達成。而是需經長時間的閱讀、觀察和整理分析後才能有所得，尤其若不僅止於滿足個人主觀意識，而是期待能帶入更多的公共議題視角，那就必須運用和借力使力，透過社會學、文化研究與視覺文化等「How to See如何看」、「找問題」的方法，延伸檢視生活中的現象、文化實踐等面向，跳脫主流觀點，找出有趣、具報導價值，又能產生共鳴的切入角度，加以設定議題。

近年來BBC頻道上有一位賽門李維（Simon Reeve）主持的類文化旅遊節目，即透過社會學和田野調查的眼光，帶領觀眾看見不一樣的國度，例如在美國拜訪加州的農業區，採訪在地農場管理者與勞工，深入探討移工的問題，或者拜訪在地遊民的生活，展示鮮為人知的美國生活面貌，讓人重新思考「美國夢」與文化的真實狀態；他也曾實地走訪地中海沿岸，透過和漁民一同出海捕魚，提醒海洋資源日漸貧乏的議題，也曾實地走訪多國邊界，帶領觀眾實地感受全球存在的邊界和族群文化等問題，開啟另一種認識和體驗真實多元文化的途徑。

筆者曾參加在英國倫敦舉行的國際傳播學年會，主辦單位特別以媒體與文化產業為題，策劃一天城市文化參訪活動，涵蓋 BBC 總部、SOHO 族的生活樣貌與電影中的場景踏查等行程，並融合當地自由工作者中午實際野餐的公園時段，安排參訪者也短暫休息與實地體驗，相當用心；此外，BBC 總部的新聞編輯中心與直播現場，設計彷彿圓形劇場式空間，似乎也暗示當代文化產業轉向 Goffman 劇場理論的屬性。

BBC 新聞播報現場與倫敦創意工作 SOHO 族的日常
午休廣場，變身為可參觀的城市獨特風光。

在臺灣，2020 年發刊的《地味手帖》具有濃厚的社會觀察色彩。在試刊號 00 號中寫道「這是一本從地方發聲，串聯全台各地生活型態的風格誌！」面向涵蓋移住、創生、職業、居住、街區文化等不同生活價值觀，透過每期探討一個特輯主題，試圖將隱性的現象化為明確的趨勢，強調「生活有著開闊可能」。不同於過往生活雜誌習慣以台北觀點描繪地方生活的奇觀，更嘗試透過「你想過什麼樣的生活？」、「那樣的生活在哪裡？」的提問，創造出另一種認識在地生活人們的生活樣貌，同時刺激對在地文化更多重的想像與體驗設計可能性。

該雜誌曾以〈後疫情時代的移動新生活〉為題報導，讓更多讀者看見臺灣農村正在成形的新社會產業與生活型態樣貌，看似不尋常的現象，吸引讀者眼光之外，也帶動在地獨立書店人氣，並透過移動兩地之間所散發的獨特生活觀及文化連動關係，反過來重構不同於其他地方的聚落感及可能性，創造出不同過往的文化體驗與觀看主體設計，將原本平凡無奇的小鎮，轉化為具有後現代潮流性格的獨特文化地景。

雖然是經由報導延伸而成的結果，但也就是透過深入探訪，發掘出正發生於地方的新生活型態或現象，加以重組成一個主題，建構成一種屬於在地獨有的生活態度，同時延伸出相對應的物件或空間，並邀請在地人參與，把抽象、看似各自獨立的人、事、物轉化成具體可實踐的文化現象或體驗，例如遊客變身為獨立書店一日店長、跟隨在地人聚在一起揀菜話家常等，透過文化設計等過程，將抽象理念具體化，提出地方魅力，成為可體驗化和可實踐性，轉而融入真實文化中。

曾有一本以高雄為主體的《藍寶石》雜誌，第一期即以高雄麵攤作為封面主圖，內容清楚描繪許多在地人生活是從一早工作到中午就開始休息的社會情境，果然引起高雄人對這本刊物的認同，清楚再現出高雄人與其他城市人的不同，傳達生活文化上差異的獨特風情，以及「不為人知的一面」，這些觀察都蘊含社會學與人類學的專業眼光，在表象之外歸納出在地產業的獨特性。此外，他們透過長期觀察，認為最具有「高雄味」物產是美濃的水蓮，而且「只有在高雄滷味攤才看得到水蓮入菜」，同時大推高雄的素食[5]，從瑣事細微處發現在地趣味，深入日常脈絡看

---

[5] 參見 https://magpile.com/lan-bao-shi/。

在地舊空間改造，串聯文化活動，將抽象的概念具體落實，
轉而融入生活中。

見特殊的港都景致，「再發現」南臺灣人的宗教信仰取向和飲食文化之間的關聯性，彙整出南臺灣未曾被看見的多元面貌，引領不同文化體驗之旅。

5 統籌專案力，文化設計必備

在田調力、編輯力之外，作為文化設計人，更重要的還需要統籌專案力。傳統上認為編輯力、選題力和田調研究似乎都是偏向靜態專業，但事實上，一個成功的採訪編輯與研究計畫的執行，均仰賴良好的事前規劃、執行企劃、時間表掌控、成本掌控與事後成果檢討等整體面向的相互配合和加乘，這些都可視之為「專案 Project」統籌管理的概念。

一場文化旅遊的設計，也是一項專案執行的成果。其中涉及文化活動的定位、故事行銷、參與團隊的召集與溝通，以及旅遊活動過程中的細節安排等;一場文化活動的展演，自然也脫離不了專案的策劃與執行，乃至於活動後的檢討與後續關係的維繫等，這些面向都與商業或公益活動的管理流程吻合。即使被認為相對簡單的採訪報導與文化編輯，也仰賴專業的資料收集策劃、採訪流程安排與不同領域記者的統籌配合等，而且也不能忽視成本的估算問題，所以不能忽略統籌專案力的技能培養。

過去拍攝文化紀錄片和參與影像的攝影製作時，有一個不像導演那麼出鋒頭、卻是影片成功與否的靈魂角色：製片人與執行製作，一方面他們負責將導演的理念傳達出去，以進行募款和團隊募集等，另方面負責拍攝與製作的細節安排，確保拍攝過程做最佳的時程與成本安排，例如腳本上哪些場景可以安排在同一日完成，某些演員的出場費和拍攝日期盡量壓縮在一定額度及時間內，以及空拍機的運用是否取得允許和寬限等，林林總總的細節策劃與有效執行將決定影像的成果，更重要的是，能否控制在一定成本內，同時取得最大的作品展現回響。

因此，統籌專案力並非商業管理上的特殊概念，而是當代文化設計人必要具備的技能與內在思維，包括大數據時代的軟體工具應用 Microsoft Project ，其中甘特圖、Excel 和 WBS（Work Breakdown Structure）工作分解架構已經成為必備基礎。

精確化，創意更賴細節掌握

「專案管理」一詞，根據「PMBOK 指南」定義為「應用知識、技能、工作與技術來規劃活動，以達成專案的需求。專案負責人經由專案起始、規劃、執行、監控及結案等五大程序的運作，才得以完成，那是一連串的流程，從規劃到化為實際的行動，隨時衡量進度與績效，過程中涉及辨識專案要求、建立專案目的、平衡各項限制及考量關鍵利害關係人的需要和期望等。劉文良（2014）指出，常見的專案管理步驟如下：定義問題、發展解決方案、規劃專案、執行計畫、監控過程與結案。

文化編輯透過專案管理，可以更有效率進行策劃、採訪與完稿發行等事宜。文化旅遊的設計仰賴專案管理，能夠更精確安排事件細節，例如茶葉文化活動涉及採茶、做茶與品茶等流程，其中必須先聯繫好茶農、做茶場地與設備、茶餐設計與服務人員，以及用餐時間安排等，在文書作業上或許只是一兩句話，但在實際執行面上，透過專案管理的概念，將會列出許多細節需要加以一一事前確認和連結。

筆者曾經參與一次非正式做茶活動，過程中由於製茶空間設備臨時出狀況，嚴重影響後續做茶的進度，不僅茶葉製作出來的風味受到衝擊，期間還因為無法及時提供做茶工人餐盒，差點出現罷工危機，甚至會導致製茶體驗和茶文化活動功敗垂成。

換言之，文化體驗或設計的成功關鍵，不僅只是設計創意和才華，其中的細節考究和流程安排等管理也扮演極關鍵角色。過程中若能以專案管理概念加以執行，不僅是活動流程的掌控，也包括資源整合、成本控管、媒體行銷與危機處理等面向的聯繫與統籌，在限定時間，以既有的經費預算完成一項文化設計與推廣，讓文化設計不只是紙上談兵，而能百分之百予以落實，將可充分發揮文化設計全面性與獨特性，提供參與者對文化的深度認識和五感體驗。

各項文化設計與體驗活動涉及多面向資源與成本控管細節，甚至天候、勞動時間等因素都需事先統籌規劃完善。

練習 1

以家庭或家族為田野調查對象，嘗試更詳細與具體的日常生活「文化」描繪。

練習 2

以外地人身分進入農村或漁村，學習和在地人一同工作、吃飯和聊天，並挖掘出屬於當地的獨特生活方式。

練習 3

融合社會學與文化研究視角，進行一場以產業發展或人文移動脈絡為題的文化設計。

練習 4

以自己所居住的城市為田野，嘗試籌畫與設計一場以餐飲演化為題的文化體驗活動。

CHAPTER III

個性、視覺設計

文化與視覺性

色彩，城市印象

字體，細微性格藏不住

影像，千言萬語盡在其中

數位巡禮，AI 引動穿梭虛實

影像是重造或複製的景觀。
每一影像都體現一種觀看方法。

—— John Berger

個性、視覺設計

1 文化與視覺性

當代視覺當道，多數人對事理的理解，透過影像、圖像甚於透過純文字解釋。換言之，提起所謂城市、農村或特定文化概念時，腦海中即浮起特定的圖像、符號，例如高樓電梯、高速路橋與象徵「現代化」的商店招牌符號等，諸如便利商店出現在一個地方時，往往就會被認為該城鎮已可被視為具有某種市場潛力、朝向「進步」之列；至於所謂的「農村」意象，也經常會與特定的影像、符號連結，例如紅瓦磚屋、田間草木、農忙勞動畫面等。

然而，關於城市、農村的視覺意象，並非一成不變，兩者之間也呈現一定相對性，反映出兩者之間的辯證關係，隨著時空的移轉，詮釋兩者的意象往往也會因應更迭。

倘若仔細檢視城鄉畫刊、宣傳影像等內容，不難發現同一個概念的視覺呈現，實際上透過不同影像、符號具體建構、排列組合而成，選擇的邏輯與當時社會整體的意識形態與文化想像力緊密相關。例如對於農村「進步」的想像，過去可能讓人聯想到牛車、耕耘車等器械科技的出現，但近期在文化創意理念抬頭影響下，提起有關農村轉變、進入現代化的畫面，則可能更多藉由水泥建築物增加、產地料理設計、節慶繽紛與生態復甦等視覺元素呈現，以符合全球性回歸自然、在地實踐與保護生態的訴求。

這些年，臺灣經常可見以「型農」圖像替代「老農」辛勤畫面的視覺展現，也隱喻農村「不一樣了」，這類的視覺建構儼然成為常態。

設計，傳達獨特美學內涵

換言之，地方 (places) 或空間 (space) 的文化獨特性往往仰賴經過精心設計後的視覺意象的設計得以傳達。舉例來說，作為鳳梨的產地，農產品鳳梨一直都存在，但是透過策劃、設計後的鳳梨影像與符號連結，卻可能構成截然不同的鳳梨文化感受。試想，將鳳梨整顆大剌剌擺在紅白塑膠袋上拍攝，相對於先將鳳梨切片處理，進而擺放於寶藍色的瓷盤上攝像，所呈現出來的鳳梨質感可能截然不

1 年輕人返鄉議題與意象，成為當代農村文化重塑的重要象徵。2 看似平凡的餐點與餐具，透過精心設計與現場氛圍融入，往往能夠創造出截然不同的質感。

1
2

同，其所反映的鳳梨產地文化也必然有差異。問題是，誰決定？以及為何決定採取哪種擺設、拍攝形式？選擇的背後反映何種價值觀與美學思維？想傳達給觀者何種地方意象和美學經驗？

事實上，關於一個地方或城市文化的理解與詮釋，不僅源自於文案，更取決於一系列、不同媒介的影像堆疊與視覺策略操作結果，此即當代對於視覺文化的探討。所以，文化如何設計，自然不能忽略扮演關鍵角色的影像論述、視覺形構、觀看主體性與展示空間等面向探析。

亦即，我們不該再將所看見的文化意象，視為理所當然的呈現，而是應該更多反思某些文化影像的出現、被設計與被展示觀看，更多是透過精心規劃後的結果，而作為文化設計者，在執行任何專案時，首先也最重要的，則是必須先掌握特定文化概念所連結的視覺意涵與象徵符號。

如同商業品牌需要重視 logo 設計、象徵符號與圖文編排，倘若將當代城市與地方視為一種品牌，彼此之間無時無刻進行著文化重現與視覺競爭；2024 年的巴黎奧運開幕

1京都除了都城意象，整座城都呈現精緻的典雅氛圍。2奈良雖然不及京都的華麗，但漫步其中，反而可見不同於都城的另一種輕鬆玩味。

1
2

式透過各類視覺展演形式，從舞蹈、騎馬、熱氣球、康康舞、動畫，乃至於藉由聖火傳遞走遍巴黎全區重要文化場景，詮釋法國大革命、女權運動等文化發展故事，將巴黎文化歷史演「活」了，琳瑯滿目的視覺元素，提供城市與視覺、文化結合的新視窗。

在此，不妨試著練習設想一座「海洋城市」或「文化古都」的文化視覺符號，應該涵蓋哪些影像？分別位處北方和南方地理空間的海洋城市，又該如何呈現出兩者的風格差異？兩座鄰近的古都又該如何展現各自獨特的氛圍？再者，受到不同時空下的美學價值觀影響下，可能出現哪些視覺形構上的異同性？透過設計概念的發想，重新檢視原本習以為常的思路。

論述，引導觀看再現傳銷

當思考關於文化設計的視覺性問題時，Gillian Rose 曾引述 Stuart Hall 所提出的文化轉向概念，指出「文化，不僅是一組事物：小說、繪畫、電視節目或漫畫，文化也是過程和一套慣行（practices）。文化主要關乎社會和團體成員間意義的交換和生產『賦予和擷取意義』，所以文化有賴參與者用大致上相同的方式對周遭事物作有意義的詮釋，來理解『世界』（Gillian,2006:6 ; Hall,1997a: 2）。」

Martin Jay（1993）以眼睛中心主義，強調視覺在當代西方生活中明顯的核心重要性。根據 Gillian Rose（2006）的觀點，當代西方社會生活的文化建構中，最關鍵的其實是視覺事物，人們常認為意義乃是由視覺影像所傳遞。人們被各種視覺技術（攝影、電影、數位圖像、電視、壓克力畫等）以及他們所展現的影像（電視節目、廣告、快照、電影、報紙照片與圖畫等）所圍繞。種種不同的技術和影像，提供人們看世界的視野，它們用視覺語言轉述世界。

因此，影像詮釋世界，用特別的方式展現世界。而人所看見的可分為視影像（vision）和視覺性（visuality），前者指的是人眼依照生理構造所見的，後者則屬於視覺建構的種種方式，除了影像內容外，尚包含人們如何觀看？我們能怎麼觀看？以及我們如何看待觀看本身中還包括的視若無睹？隨著近代旅遊與文化產業興起，旅行逐漸被當作一種視覺的活動（visual practice）。John Urry（1990）進一步提出「旅者凝視」（tourist gaze）強調旅行中應該注視、觀看什麼，如何觀看？甚至地景的「神聖化」，都是透過一系列的媒介操作或視覺文化設計過程加以形塑。

相信讀者對上述提及的現象絕不陌生，尤其隨著自媒體和社群媒體平台影響日增，網紅和一窩蜂效應時時可見，也逐漸形成另一種觀看的新從眾文化。

以全球各地的知名文化遺址為例，多數的遺址存在已久遠，但過去可能未被重視，埋沒在荒煙蔓草中，直到被「重新發現」，進而透過挖掘、設計其文化意義，並透過媒介的轉譯和行銷傳播，以及一波波觀光策劃「再現」與文化活動體驗，得以被「重新看見」、吸引觀光人潮，躍升文化旅遊聖地，例如「人生必訪的 100 個景點」、「一生必去的 50 個景點」、「全球必遊的 10 個景點」等論述不斷出現在各類媒介上，引領觀者看什麼？如何觀看？以及觀看時應該做出哪些行為？

一生必訪的景點，是哪些？為什麼？

至於觀光旅遊專業，如今也流行將設計概念融入旅遊行程規劃中。換言之，旅遊設計已成為一門顯學，或稱為所謂「旅遊規劃師」（已推出證照），強調將設計的理念引入旅遊規劃中，不僅限於遊程設計，也涵蓋遊程中餐桌上食物擺盤、手作課程與各類五感體驗等；或者說，遊程不只是原本已經存在的行程規劃，而是透過設計專業，提升審美的生活品味，看似自然無華，其實是一系列精心策劃安排下的結果，只為了創造出符合某種期待的視覺觀看、五感體驗與社群分享的文化樣式。

上述說法或做法並無優貶的含意，純粹針對現今旅遊、觀看文化的現象加以描述。然而，也因此，旅遊、觀光的目的地，不外乎參與者所嚮往、想像或者不熟悉的空間，由於某些地方文化特質或視覺性，得以吸引旅者、觀光客的造訪，至於這些文化地景或空間，甚至特產、美食可能存在當地已久，只是尚未被有心人發現、重新設計，以及巧思宣傳，所以才沒沒無聞。簡單來說，在地的美可能一直都在，只是尚未被看見，而之所以還沒被重視，很大一

1 歐洲高山的長年雪景，是當地人經常健行的場域。2 臺灣嘉明湖，如今已被列為許多台人的夢幻朝聖地景。

1
2

部分是因為尚未被有意識地、經由特定視覺文化的論述形式加以編排再現。

日本《地方設計》書中列舉諸多從無到有的地方文化創生案例，其中引述日本設計師服部滋樹提出「地域品牌化」核心概念貫穿整體，強調地方設計強調「找出在地視點，用設計傳遞當地個性的樣貌」，對於在地個性樣貌的元素，並非直接移植都市或東西複製，而是仰賴「用設計找出講述的方式，並將之可視化」（蔡奕屏著，2021：83-84）。在此，視點、可視化詞組，均一再提醒我們視覺、觀看文化的重要性。更直白說，地方的文化吸引力很大一部分取決於視覺影像的形構，對於外來客來說，到了當地要看什麼？如何看？停留多久？在社群上能夠分享什麼？透過視覺化呈現的文化個性，早已超越所有。

品牌，塑造地域可視性

試問，想起希臘、沖繩，馬上聯想到哪種畫面？海天一色外，希臘彷彿就是藍頂白牆的代名詞，沖繩則少不了日式風鈴、海天拖鞋等悠閒畫面。那麼，提起馬祖風情，首

1 金門島擁有濃烈的建築象徵意象，保有某一種古往今來的特殊性。2 沿著倫敦泰晤士河畔漫步，就是融入在地文化的最好方式。

1/2

先印入腦海的應該是芹壁的老屋和石牆，可能伴隨著近似希臘地中海的意象。那麼，金門、淡水，或者台東金崙海邊呢？在自然風情之外，在文化設計上，可以考慮透過結合更深層的文化歷史脈絡進行描繪。

隨著歐洲城市改造思維的引入，越來越多城市以河川作為重塑意象的主題，電影寵兒的威尼斯運河、倫敦泰晤士河，以及因為 2024 年奧運開幕式主舞台的塞納河等，臺灣近年來也有不少因為河川改造成功；引動觀光熱潮的的新竹、宜蘭、台中、高雄等，河川流變與城市意象的結合，開啟另一種地域品牌塑造的可能性。

設計是個過程：研究、調查、檢驗、解體、編輯、再構築、輸出。服部滋樹認為所謂的設計思考（DesignThinking）是指輸出之前的六個過程，亦即「製作的過程」。也就是將一地原本被埋沒的訊息：誰在什麼地方、用什麼素材、以什麼技術、抱持什麼想法、做了什麼東西，進行傳達，並且藉由「設計講述的方式」：設計者的技能轉換方式進行傳達。而這裡的講述，並非僅針對言語，而是包含選擇照片、設定關鍵字、設計宣傳文案等，也就是「可視化」的過程（蔡奕屏，2021：85-86）。

可視，形構元素不只影像

「可視性」也不僅止於影像，更涵蓋聲音，以及濕度、溫度與色調等身體感受。換言之，基隆港灣的可視性，應該區別於沖繩的碧海藍天，也許透過在地文史資料查找，實地探訪港灣、魚市場等真實生活場域，以及相關文化產業人物專訪、實境聲音採擷等方式，可望提煉出更具可看性的文化樣貌。一張屬於基隆港灣的夕陽圖像、一部存錄大船入港嗚笛聲的影片，或者一群漁民勞動後隨興聚會的畫面，將可能引動更多觀者走進一探的好奇心。

西班牙的紅黃印象，透過足球賽、建築物和各類商標，深植在所有人心中。

只是，找到這些「可視化」的元素後，尚且需要透過設計技能，轉譯成吸引人的樣式，涵蓋文案、圖像、編排形式，乃至於字體選擇、色彩、符號標誌、展示與空間材質選擇等。所以，考量文化設計的視覺性與可視化形構，從下列幾個面向予以考量和操作：

2 色彩，城市印象

說起 Starbucks，馬上聯想到綠色、美人魚形象；聊起西班牙，令人即刻連結紅黃意象；又或者是，提起巴黎、倫敦，可能更多是艾菲爾鐵塔、羅浮宮，以及陰雨、霧都等明亮或暗沉的畫面；至於你所居住的城市或地方呢？哪一種色彩意象，緊緊刻印在內心深處？

如果以品牌策略思考城市與在地文化，那麼，每座城市、地方小鎮，必然存在一種屬於他的獨特文化色彩。好比台北、高雄兩座分處臺灣北、南的大城市，或者洛杉磯、波士頓兩座美國代表性大城市，亦或者日本誕生於截然不同時空和歷史定位的東京、京都兩座城，人們習慣上會戴上不同「顏色」的眼鏡予以評價和詮釋：如果東京是屬於明亮、簡約的現代色彩，那京都就更偏向古典、優雅的木質米色調；如果波士頓是屬於都會爵士樂的時尚酒吧風情，那麼洛杉磯可能更偏向於豪宅、大車的藍天搭配寬闊大道色調（21 世紀研究會，2005）；至於你所居住的那城，你會以哪種色調加以描繪呢？而所立基的文化意涵，源自於何處？

然而，關於色彩所蘊含的意涵連結與想像，不可諱言，更多是源自於文化及教育傳承的結果。就日本人而言，白色象徵純潔，在婚禮上以此為主色調；但對中國人來說，喜事就該選擇大紅色，因此拍攝婚紗照片與宴客時，一襲大紅色禮服是不可免俗的。至於藍色系，有一說是憂鬱，或被認為象徵冷靜、有效率性格，但在西方或東方建築中，有一說則象徵高貴、僅用於少數建築物件上，據說這和其過去藍色顏料取得不易、僅有王公貴族得以選用的文化背景息息相關（21 世紀研究會，2005）。

此外，色彩也透露特定文化情境下的性別意涵。當說起可愛女生形象，便令人聯想起卡哇伊的粉紅色，若是描繪巫婆、邪惡武士等勢力，則多半與黑色、深灰色合為一體。而在歐洲常見的綠色，涵蓋多層次，鋪陳在不同屋宇，穿在不同膚色、種族的人身上，顯出閒散、出眾的氣質；然而，在他處，綠色則可能被與「戴綠帽」或是草莽精神連結在一起。

換言之，當思考文化的可視性、視覺性展現，關於色彩的運用與其所衍生的文化意涵考量，扮演極關鍵的環節。《不迷路的設計：視覺指引的秘密》一書中指出色彩是建構日常生活的基本元素，並且大大影響我們對於世界的感受；色彩可以用來輔助人們與地點間的辨別、導覽模式，甚至是情感上的連結，色彩對不同的人而言，在不同的情況下可能代表不同的意義。再者，色彩的變化也標記了時間的推移，例如美國帝國大廈頂部的錐狀燈塔，依據節日和紀念、慶祝事件不同而點亮具象徵性的燈光，例如歡慶同志節的淡紫色燈光，慶祝超級盃得勝所點亮的寶藍色燈光（David,2010：88-89）。

然而，東西方人對於色彩的偏好亦受到文化底蘊影響而有所差異，同時也受到當地的日照、自然環境等因素影響。事實上，當文化設計人選擇使用哪種顏色時，需要考量諸多變項，例如已存在的建築物或工作物的顏色色相，最好能以具有關係性的顏色為主，並且考量因為濃淡變化、觀看距離所產生的色相轉變（加藤幸枝，2021）。另外，「光」

的因素也決定所看到顏色的結果，因此，愛好攝影的人都知道，早上 10 點以前對比中午 12 點拍攝的同一個景物，前者呈現出的整體感會更為協調與清亮，且不刺眼或過度曝光。而地處中高緯度的歐美地區，由於光線較為柔和，所拍攝出的照片或天空藍，總是比位處熱帶或低緯度的地區來得清朗乾淨。上述種種影響可視性呈現結果的因素，在文化設計過程中皆應精緻調和與多方權衡。

而在當代戲劇和電影色彩設計中，也很巧妙透過燈光、服裝和場景的色彩變化，展現不同的時代文化感，例如大陸劇《延禧攻略》即被發現整體服裝色調偏向所謂的莫蘭迪色，並將其與《甄嬛傳》中的用色所反映的時代感加以對比。色彩專家即提出「在《延禧攻略》中幾乎看不到濃烈彩度的顏色，包含紅色調也是偏向珊瑚、鐵鏽紅多一些，但這樣反而凸顯出低調不外露的貴氣樣貌，……也不會像粉紅、紅色容易給人俗氣、太過可愛的感覺，反而有著時髦細膩的魅力（Jasmine Lee，2018）。」

留白，隱藏深層文化認同

因此，文化設計需認識及掌握色彩的意涵，同時針對特定的時空選擇合適的色相。色彩具有三種能用以辨識的性質：

色相、彩度和明度。色相是指色彩的變化，例如紅色或綠色；彩度是指顏色的飽和度（或稱純度）；明度則是色彩相對的明暗度（David，2010：90）。

觀察當代生活、設計類雜誌用色趨勢，不難發現多採用朝向低彩度、相對明亮的設計風格，亦即所謂Light、「小清新」的視覺展現，此一現象也通用於日系生活穿搭、風格選物和店面設計思潮等面向上，例如Muji、一条和《& Premium》。至於臺灣的《小日子享生活誌》所引領的視覺文化轉變，其所衍生的小清新風潮與論述，甚至連帶引發不同世代對於年輕人處世態度的文化議論爭辯，顯見色彩不只是色彩，而是隱藏更深層的文化認同感。

在文化設計與創作過程中，色彩扮演重要的情感元素，每種色彩蘊藏深刻的文化意涵，因此一樣設計作品的主要色彩，即可以決定作品的文化方向（梁景虹編著，2011：38）。在一個畫面中，通常區分為主色、輔助色和點綴色三個層次；佔主要面積的色彩即是主角，只是根據不同明度、彩度和純度的差異，對人們產生觀看後的不同心裡感受，通常會將飽合度高的顏色定為主色，整體將顯得穩定

在不同緯度和氣候的影響下，同樣海天一色的畫面，自然呈現的色彩明亮度有所差異。

些。輔助色通常幫助主色建立更完整的性格，去掉它，畫面不完整，有了它，主色更顯優勢，因此更改輔助色並不影響整體視覺構成，只是將畫面感受引領到不同方向；例如在白色底襯上淺亮黃色，更能吸引閱讀目光。點綴色的功能則在體現細節上，多數是分散的。其特性為出現次數較多、顏色跳躍、吸引閱讀及反差大，有助於營造獨特的畫面風格；例如穿著一身黑時，若戴上亮色眼鏡、圍巾，雖僅僅作為裝飾，卻巧妙地呈現出個人喜好與個性風格（梁景虹編著，2011）。

近年來，各國家和地區越來越重視文化脈絡下的色彩美學，郭浩、李健明（2023）透過解析故宮文物中的傳統色彩，彙整出 384 種傳統色，重現古典生活中的美感配色，海天霞、翠縹、桃夭……等色彩名稱躍然紙上，且描繪 24 節氣和色彩間的深厚文化關聯性。長澤陽子（2017）也整理反映大和文化中自然四季、歲時景色與時代風情的百多種傳統色，發現每種顏色的命名均深具含意與故事脈絡，對當代色彩設計和運用極具啟發性。

那麼，環顧我們日常生活周遭的「可視化」物件，例如看板、多媒體宣傳物和商品包裝等，哪些色彩常被使用？主色和配色的模組偏好？哪種色相與明亮度最受歡迎？此外，隨著社會意識變遷和城鄉空間改造，從公共空間規劃、

象徵熱情的 PIZZA 食物特性或夏威夷礦泉水品牌，以紅色牆面、美女圖像作為主視覺焦點。

街道標記，乃至於公眾人物穿著的象徵衣物等文化改造的設計思維與風潮又出現哪些轉變？上述種種現象，均為文化設計者需時時時刻敏感觀察、掌握脈動並加以調整因應，因為檢視設計文化的歷史演變脈絡，可確定的是設計美學與風格時尚並非一成不變，而是與時俱進。

這些年來，臺灣在許多文化視覺物件的設計上，似乎受到日本風格強烈影響，「留白」成為必要且主流的元素。事實上，坊間許多設計書籍也不斷探討關於「留白」的比例、如何留白等學問，而其背後的設計理念大多強調清晰、簡潔的觀看意義，並透過不同編排的作品，傳授設計人如何讓自己的成品看起來更「好」、更符合期待。若從傅柯的角度來看，當代所謂「好」的視覺表現形式，並非就是絕對「真理」，然而，卻也受各方專業人士的不斷推介及教導，無形中也被推崇成為真理，在這樣的背景下，作為文化設計人雖然無法自絕於外，但在沿襲美學觀點和靠攏主流文化景況下，秉持多元思考，保持敏銳的覺察力總是必要，也才能創造出跳脫框架的文化設計作品。

圖表，結合色彩體現文化

在文化設計上，色彩與圖像無法切割，因此，在視覺呈現上，需做通盤考量。一座城市的形象總是脫離不了建築物、物件或人物的肖像，只是象徵性物件會隨著時間推移轉變。筆者曾針對臺灣的高雄城市意象進行研究，發現不同階段的城市象徵意象也隨之轉變，例如從市政府建築物轉變為海洋音樂館，市府刊物封面圖片也從市長巡查畫面，轉變成為尋常市民在公園中嬉遊的影像（葉思吟，2011）。

就此來說，無論是文化刊物或產品的視覺設計，在色彩搭配之先，須先考量主視覺圖像的呈現風格。首先，檢視圖像的文化意涵；其次，決定圖像的色彩風格，包括曝光度、構圖與元素；最後，將圖像與設計版面進行整體性調和。眼尖的讀者肯定會發現，偏向日系、文青風格的圖像，無論是透過拍攝安排或後製調整，往往曝光值較高，至於傳統平面報刊的圖像，則相較來說明暗對比強；至於畫面中的元素，則越來越傾向簡約、大區塊構圖的設計思維。

從圖像中擷取顏色，可說是整體搭配調和最簡單的方式。倘若畫面中分佈零散的圖像信息，則不妨透過一個淺色的底圖或底色將其歸整為一個整體；另外，也可在圖像與圖像間的空檔空間填上色塊，使其產生穩定效果。

再者，圖表，也可視為一種色彩集合，亦為視覺風格與文化體現的一環。大數據當道的時代，如何將圖表以圖文並茂、簡約又不失豐富的樣式加以呈現，進而凸顯整體版面的系列設計效果，越來越受到重視。因應大數據資料的普遍應用和受重視，「資料視覺化」已成為顯學，透過搭配設計的圖表，所展現的不僅提供閱讀更便利性，更意味圖像、色彩與排版的巧思重構，提供另一種觀看的樣式，尤其越來越受到重視的「懶人包」資訊形式，不僅影響人們對於複雜訊息的解讀，更藉由圖像的不同組合，無形中傳遞出隱而未現卻又令人印象深刻的深層內涵。

所以，作為文化設計人，除內化視覺資料化的隱喻效果，也應重視圖表色彩與版式色彩，以及所欲傳達的文化內涵必須加以協調與呈現一致性，也就是「文化」概念建構的一致性，試想京都相較於東京，在圖表設計上，京都應著重古都華麗感，東京則突出時尚繽紛性格。

《資料視覺化[1]設計》一書指出，當思考如何將枯燥數據變成好看好懂的圖表時，其中的顏色必須依照「目的」

[1]「資料視覺化 Data Visualization」是指運用視覺的方式呈現數據，藉由美化後的圖表，將繁雜的數據簡化成易於閱讀、接收的訊息內容。

而謹慎選用，因為「顏色是很強大的視覺屬性」，作者甚至認為最佳的用色就是減少顏色數量。並且強調圖表上的顏色、文字（包含標題字）、版面規劃、框線、呈現數字的線條或圖樣等，均須經過整體性的思考。作者永田ゆかり（2021）因此主張搭配現代簡約風格的圖表，多採用低彩度、高亮度的同類色塊；倘若展現力量感和衝突性，則應採用對比強烈色彩、線條硬直的形式製作圖表，這些概念都應巧妙運用在凸顯一個地方或文化特質建構上。

總體來說，色彩在文化的視覺性表現上扮演關鍵角色。不僅僅是吸引目光的焦點，更夾帶情感判讀、感受因素，在進行文化設計時，須慎選主要色彩，也要巧妙運用搭配色與點綴色，並挑選合適的圖像加以融合，藉由風格一致性的圖表說故事，創造文化整體印象，吸引觀者目光，同時留下深刻的印象。

小練習

練習 1

以所居住城市為例，挑選心目中足以代表的象徵圖像，並找出能展現城市的色彩，嘗試加以融合、製作成一張能向朋友介紹當地文化特色的旅遊明信片。

練習 2

嘗試觀察一天中光影的變化，以及其所映照出的城市氛圍感，透過圖表，呈現出專屬於自己的光影印象。

3 字體，細微性格藏不住

在文化設計過程中，文字，或者說是字體的設計扮演舉足輕重的角色。常言道「看一個人寫的字，即可看出其隱藏內在的個性」，換言之，一座城市、文化空間的性格、品牌的美學內涵等，均會反映在其視覺化的平台及行銷宣傳的媒介上，諸如街道招牌、文化活動海報、網路平台標題等，字體的類型、配置與編排，背後的寓意遠勝於表現所見。

不同的字型，搭配不同的文化宣傳物件，例如海報版面設計風格，或是街道與店家招牌，所呈現出的品牌文化氛圍截然不同，間接形塑出我們對於一個城市或地方的體驗與認識。以日本鎌倉市為例，當以海邊列車作當地文化旅遊主要訴求點時，你會選擇哪種字體加以詮釋？字型大小錯落？30 度傾斜感？如果再加上一隻貓（近年來臺灣平溪沿線等小鎮也以貓鎮作為一種吸睛題材），又該呈現出哪種氛圍呢？可愛風？柔美風？或療癒溫暖為主軸？那麼，在字體選擇與整體色調搭配上，如何同時融合不同元素，但最後卻能產製出一種令人感覺清新又印象深刻的鎌倉風情呢？也許採用手寫字體能散發柔和氣氛，但是圓黑

體搭配大片版面留白，卻能表現出溫暖沈穩的氛

一種悠閒之感（ingecter-e，2020：110-111）。

不可諱言，當這些視覺物件出現在線上社群媒體，或者實體的街道上，無形中也強化我們對於一個地方的理解與想像；從某種程度來說，當人們選擇前往哪裡旅遊時，透過眼睛所看見與感知的影像、宣傳海報和象徵符號，便悄悄進入的潛意識記憶中，好比自由女神像與紐約、艾菲爾鐵塔之於巴黎、101 大樓伴隨台北，以及高第聖家堂對西班牙巴塞隆納的重要。然而，隨著這些象徵物的影像連結不同的字體、設計色調與物件形象（例如白貓、代言人或公共藝術等地標）時，往往又能創生出截然不同的城市與地方氛圍，重繪人們對他們的文化想像。

西西里火山博物館與泰晤士河畔的地標，自然融合地景特色。

覺空間品牌特性

在設計圈，字型或字體[2]，其實都有其背後代表的意涵，東西方均有潛在共同認知的字型設計學；也就是說，在字體選擇上，受到潛規則與美學教育傳承影響，在思考框架上難免受侷限，但是，設計人勇於突破的性格，也不斷開拓無窮可能。在版面設計上，亦是如此，例如日本設計師針對顧客期待的風格，至少分類出時尚風、流行風、自然風、少女風、和風與奢華風等設計類型，各有其適合的字型、顏色與線條搭配元素等，並推出系列設計參考書提供範本解說，久而久之，自然形成一種被約定俗成的「真理」，藉由細節微調之間，創造出截然不同的文化視覺觀感（ingecter-e 著，2021）。

當代設計師選用字體，大多依從電腦上軟體所提供的選樣加以取捨，也因此，所能選用的字體，可能因此出現侷限性。例如漢字的電腦字體，受制於設計師的文化背景、電腦書寫美學，以及印刷技術的框架等影響因素，反而不若傳統上書寫字體的多樣性，也可能失去漢字書法手寫的流動性等美感。至於歐美設計圈對於拉丁、英語字體的選擇，則相對豐富繽紛，從古字體到現代感，琳瑯滿目，個

[2] 字型或字體的選用，涉及使用者對該概念的認知和詮釋，也反映其設計理念。

人或品牌可針對行業別、潮流風格選用心儀的字體，無論是襯線體、無襯線體、粗襯線體、書寫體、裝飾性字體等應有盡有，同時還存在許多備受肯定的專業字體設計師持續創生中。

關於字體的挑選，不僅受到個人美感判斷、專業經驗累積與時尚風潮等因素影響，字體設計師 Jonathan Hoefler 認為還應從兩方面加以考量：委託者的情緒或心理層面，亦即客戶組織所具備的特質，以及設計執行過程中的實務技術層面（Gibson,2010:78）；後者強調同樣的字體在不同光線、空間、環境背景和載體上，可能會產生不同的觀感，此時有賴專業設計師事先洞察、微調與創意執行，以達成一致性的字體風格與視覺效果。

在某些文化設計案中，可發現文化空間或品牌字體的視覺性，不只關乎字型選擇，也涵蓋字體間距、長寬比例、粗細、色彩、線條、搭配性與易讀性等考量，還需注意合乎法律的規範，例如〈美國聯邦殘障者法案〉為確保視覺障礙民眾的可讀性，要求相關標誌上的字母及數字的寬、高比例須符合法令標準（Gibson,2010:82）。針對字體出現的平台或載體，則可進一步區分閱讀型文字、步行型文字、駕車型文字與環境型文字；至於在不同空間出現的標誌字體、品牌宣傳需求，則依照場景、觀看情境與觀看者族群特質，進行更細緻規劃。

在當代漢字設計領域，日本文字設計師長期扮演關鍵性帶頭角色，從日本使用漢字的文化觀點，研發出常見的電腦、印刷用的中文細明體外，走在台日街道上，眼尖者也不難發現，和製漢字經常出現在日式料理店招上。換言之，街道上的文字、字體，儼然已經成為在地文化風景和美學經驗的一部分。因此，作為文化設計師，認識、選用足以展現文化內涵的字體，並透過適當的不同比例配置、版面整體美感設計，讓文字展現迷人的樣貌，提供觀者更直觀的美學感受。

日本街道的店招，和製漢字使用率極高。

漢字，文化美學滿溢想像

漢字發展從象形文字開始，一字一義、圖畫式的書寫型態，不同於歐美以拉丁字母構成的拼音系統，自成一格，在文化設計上有其獨特可能性和值得被期待的新美學經驗。當提及九份山城，總會聯想起侯孝賢電影、茶館紅燈籠、宮崎駿動畫和窄小階梯巷弄，那麼，屬於這山城的字體及襯底色，該選用楷體、草書或是仿宋體呢？黑色字體搭上白底色嗎？或者還有其他選擇？所依據的設計思維和美學標準為何？

近年來，臺灣開始掀起創造字型風潮，以提供「更好的文字風景」為己任、擁有強大行動力的 justfont 陸續創生出金萱字體、金萱那提、蘭陽明體，以及臺灣道路體、凝書體等。在官網上，jf 字體設計師如此介紹一切發端的金萱字體：

「一套細細刻畫的字型家族，一顆堅持不變的初心，讓我們娓娓道來。」自 2014 年開始，共創生 13 萬字，涵蓋內文、副標段落和大標題，連同標點符號與字體粗細均納入系列創作，同時以臺灣冷飲茶慣用的「二分糖」、「三分糖」……及至「九分糖」選項予以命名，把字體與在地生活文化緊密連結，展現屬於臺灣字體專屬的文化性格。

從自戀 blog 到《字型散步》出書，乃至於近期積極進入校園推動字體教育的過程，justfont 可被譽為臺灣字體最佳代言人。在兩次的訪問中，聆聽創辦人葉俊麟與字體設計師林霞娓娓道來初衷和多年來所投入的心血，令我非常感動，更對團隊埋首於從文化設計概念出發的字體創作和字體教育，甚感佩服。

臺灣字體，寬窄多元學問大

慶幸的是，這些努力也獲得設計界的採納肯定，透過募款行動支持，目前仍持續延展中，象徵臺灣設計領域對於字體文化的日漸重視；筆者在與團隊成員對談和字體推出介紹中，感受到字體創生故事，每一回都是嘔心瀝血：例如從古籍本書體中尋求美感，淬取出明黑的精華，融合明體揮灑優雅、黑體厚實剛硬的特質，歷經無數次推敲琢磨，決定以臺灣特有茶種「金萱」命名，線上募資一晚即刷新紀錄，後陸續創生出粗細具備的「字型家族」，推出「金萱那提」，補齊 460 字、教育部公告的台語與客語書寫等字體[3]。

後續 justfont 再推出蘭陽明體，並以設計師的故鄉蘭陽為名，同時凸顯該字體的流動韻律感，彷彿呼應蘭陽的地理水文風貌，文化內涵與字體形象融合，可視為經典。其後，該團隊也應邀參與設計地方字體，開創臺灣道路體等，源源不絕的字體設計，輔導推出臺灣道路體、凝書體，也研創出洛神行書、葉書體等，豐富了屬於臺灣的文化設計元素，開展更亮麗、前所未見的文字風景[4]。

如此看來，字體不僅是文化設計中的重要元素，也是文化設計的結果，每一個字體背後都蘊含社會時尚、文化脈絡與美學認知等精神；而當字體選擇越來越多樣，也反映文化設計美學更多可能性。換言之，在電腦上可選用的傳統基本字體：細明體、黑體、圓體、楷體與仿宋字之外，設計者能根據文化特性和設計需求，選用華康、金萱、蘭陽明體等更適切的書寫符號，再藉由個性特質分析，找出字體粗細、寬窄、對比高低的變化值，並在書寫感或機械感、笨重或輕巧，現代或古典上進階取捨[5]。

---

3 參見「字戀的人 為臺灣做字 justfont」網站介紹。

4 同上。

5 參考 https：//blog.justfont.com/2023/06/typefacemap/#more-11377。

綜觀臺灣過去文化刊物經常使用的印刷字體，多數將細明體視為相對平常、通用的字型，例如常見於新聞報紙的要聞標題或內文。黑體則被視為較為凸顯、不苟言笑的字型，通常會加粗呈現，亦即粗黑體，如今常見於街道上的招牌。楷體字一般來說比較嚴肅，常用於公文或正式場合；至於仿宋字則崛起於近年文青雜誌，相對來說輕巧、纖細的字型，整體版面看起來更多留白，感覺秀氣許多，例如《小日子享生活誌》為代表；而強調親民風的官方在地誌或文學刊物，也更多比例上選用圓體和仿宋字；至於近年來頗受關注的《新活水》、《VERSE》和《秋刀魚》等刊物選用的黑體、風體也各自引領一段風潮。然而，不可諱言，字體選用也會受到整體社會與美學思潮的影響，因此媒體刊物也會採取不定期進行改版以因應流行視覺的轉移。

當具備字體設計基本認識後，漫遊全球城市街道時，不妨眼觀四方，觀察各國各城對於字體選用的獨具巧思，例如前陣子台北捷運嘗試改變指示標牌字體，在歐洲不同國家旅遊時，也能透過字體分辨每一個國家的性格與文化脈絡，例如英國、法國與德國選擇字樣上的差異，同樣的數字在描繪上的細緻度差別；此外，各類廣告招牌上的空白間距、圖示、色彩和標點符號的運用，形成城市文化設計的美學風景，值得細細品味和勤作記錄，點點累積出豐富的設計資料庫。

選字，混搭躍動跨越時空

因此，文化設計需審慎思考字體選用和搭配議題。可從幾方面考量規劃：

一、品牌核心價值：

觀察、分析包括空間與產品的品牌獨特理念，以及所欲傳遞的內涵精神，例如海港城或山城、狂歡趴或療癒系，兩者之間所呈現的氛圍必然有所差異，僅僅是字體粗細都能產生完全不同的時空感受。

二、觀覽族群特質：

針對城鄉與品牌主要的觀覽族群，選用合適的字體。例如藝術文博會主要觀覽對象為藝術家和藏家，宜選用藝術性的字體，捨官方樣板字型；倘若是以孩童遊客居多的美術展，則多採用饒富童趣的Q版字樣。

三、當代美學時尚：

設計風格總不能脫離美學思潮和時尚潮流，在字體選用上自然也需考量整體社會美學觀感，同時也涉及印刷技術等外部因素影響。舉例來說，有些字體在電腦上能夠顯現，但未必能完整列印出來；此外，有些字體雖然帶有強烈個性特質，卻未必適合配對混搭；當遇上中西字體併用時，不妨嘗試可能的有趣組合，但又不失邏輯性。

四、展現時空情境：

如前述分享，字體在不同時空情境下，所呈現的效果將略顯差異。作為一位專業文化設計師，需事先細微考察，從光線、字體線條、背景材質或紋飾框景等元素進行微調，使字體展現最亮眼的一面。

經過層層的解鎖，是否更加感受到字體可愛、活力和高可塑性的樣貌了？下回聽到奶茶、Milk tea、漢堡、Hamburger、鬆餅、Pancake 或 Waffle 等字眼時，想想他們所能對應的字體吧！當觀賞文化設計或品牌的作品時，當漫遊城市文化空間時，當參與藝術文化節慶時，當閱讀在地刊物或地圖時，別忘了好好欣賞文字所帶來的美學風景！

歐洲街上字樣生動豐富，所慣用的字樣背後反映文化內涵，無論手寫字體、報刊字體，乃至於數字體的選用，均呈現出城市特色。

練習 1

依據個人或地方特質，找出適合展現自我的文化字體，同時考慮字體粗細、寬窄或高低比例的細節設計。

練習 2

請根據城鄉文化背景和美學經驗，選用合適字體，並以此進行街道招牌、路標與代表建築物門面題字的視覺設計。

4 影像，千言萬語盡在其中

一張好照片勝過千言萬語。在形形色色的影像海報中，總有一些很容易讓人辨識出主角所處的時空，例如櫻花即是日本旅遊文化象徵符號；楓葉彷彿就是加拿大的代名詞；若是英國，應該會令人立即聯想倫敦大橋、倫敦之眼；那麼希臘呢？越南呢？或者我們身邊的臺灣原住民文化呢？

文化設計中，關於影像的構圖、色相與內容組成的元素均為文化視覺性與轉譯的要角。當試圖透過影像詮釋、轉變文化意義時，視覺性的重塑即變得十分關鍵。例如再現臺灣原住民文化，除了透過原民服裝的影像符號外，還有哪些元素能傳達屬於原民的真實文化內涵？或者客家文化精髓與象徵符號，就是花布嗎？在此之外，還能有哪些物件、色調與環境構圖能演繹出另一種觀點的客家文化意涵？拍什麼？如何拍？所信仰的攝影美學概念？

只是，當攝影師以自身觀點詮釋眼中的文化影像時，大膽「改寫」舊有的再現框架時，重新詮釋與編排過後的文化影像能否被認同與接受？倘若嘗試塑造新的文化符號，形成新美學風格，終究仍需經過一番檢驗和所謂「文化意義的競逐」。

1 法國蔚藍海岸的藝術小鎮上的店招洋溢濃濃藝術感。2 倫敦塗鴉牆上的字體反映電影中的氛圍。

1
2

John Berger與Jean Mohr在合著的《另一種影像敘事》中指出，他們曾用了七年時間拍攝紀錄村莊與鄰近山谷的人勞動成果，但是他們也藉此探討攝影本質，包括，究竟什麼是照片？照片意味著什麼？它們如何被使用等？並透過實務經驗，聚焦討論照片的意義為何總是曖昧不明，一張照片就像是一個相遇之所，身處其中的攝影者、被攝者、觀看者與照片的使用者，經常為照片展現出彼此矛盾的關注點。此意味著，照片本身的意義並非給定的，而是提出一種關於事物外貌意義的探討（John Berger & Jean Mohr，2007）。

這段話無疑提醒著我們，一張照片不僅勝過千言萬語，其存在的形式背後也是一長串意義競逐的過程。以當代城市地標圖像為例，台北101被選為城市代表意象時，不僅僅因為101具有當時全球最高建築的意涵，更深一層的意義在於透過101地標，台北市希望傳達給世人的現代化技術先進的符號(或稱為記號)意義。

義大利艾柯（Umberto Eco）成功地綜合普爾斯與索緒爾兩大傳統，認為文化中任何東西皆可成為一個記號現象。美國西比奧克(Thomas Sebeok)則主張記號學乃是研究控制著記號之衍生、製造、傳遞、交換、接受、解釋的法則，同時存在所謂「記號系統」(sign system)，指的是記號之間的關係，包括記號形成及運作的法則與歷程。俄國記號學家伊凡諾夫表示：「每一記號系統的基本功能乃是把現實世界加以規範。」所有的記號系統都是「型塑系統」(modellingsystems)，即將現實納入其模式中，同時影響我們的思想行為（李崗：2014）。上述關於影像符號(記號)的討論，陳述對於一張看起來「自然而然」的照片乃是經過一層又一層的選擇，並且反映現實中的價值系統與專業規範。

場域，顛覆既有重構意義

以坊間主流雜誌的人物照來說，當詮釋「成功人士」時，通常財經雜誌往往有一套標準姿勢，例如請被攝者將兩隻手交叉放在胸前、稍微側身注視攝影機，同時以半身照為主，展現主角的專業、自信感，這類照片也常見於政治人物看板上；但在《小日子享生活誌》等文青、生活感重的刊物中，則會刻意請主角不看鏡頭、降低人物在整個畫面中的比例，藉此強調自然不造作的自在感，如此的拍攝手法也經常可見於日本生活、時尚文化類 BRUTUS 等雜誌中，也逐漸成為時下書籍、地方刊物選擇跟進的美學風格。

不同類型的刊物針對品牌定位、編輯方針採取不同的影像製造過程，並不難理解，不過，當思考一張影像的視覺產生過程與所衍生的意義時，可以從三個位址（sites）切入分析：生產影像的位址、影像自身的位址，以及影像被各類觀者觀看的位址；其中影像生產的結果受到三組模態影響，分別為技術性的、構成的，以及社會的（Gillian,2006:21-22）。

換言之，時下的某類型刊物，為何採取類似的拍攝手法和敘事、呈現形式，因此出現特定影像類別，亦即共享特定的一組有意義的事件和場景，也許並非偶然，而是某種社會脈絡下的影像生產結果，近年來旅遊探險頻道節目越來越倚重空拍畫面的趨勢，說明攝影器材技術對影像構成和美學的影響。此外，影像產製與攝影教育過程、影像美學哲思與涵養，以及 Bourdieu 所提出的文化資本（capitalculture）累積和慣習（habitus）養成息息相關。

法國的社會學者皮耶·布赫迪厄（Pierre Bourdieu, 1930-2002）所提出的文化資本與場域概念，嘗試分析日常生活中人類所呈現的習慣行動與文化差異的成因，有助於理解為何攝影師或影像作品在某些場域會達致共識，並且會不斷生產出類似的產品。首先，受到「文化資本」的影響，社會存在相當的階級化意識，同時被不斷複製，例如喝咖啡的習慣，或者如何生活才是真正懂生活？布赫迪厄也提出行動者在實踐中所運用的「實踐知識」（practical knowledge）概念，從行動者角度分析實踐的邏輯，並發展出場域（field）、慣習等分析概念，認為世界由一個又一個彼此聯繫卻又相對獨立的「場域」構成，人們不僅投身不同的場域，並且為了不同的「利益」而進行奮鬥，並衍生出「慣習」，不知不覺中所表現的行為，往往是受到結構性限制下的結果。

舉例來說，自信的人習慣性擺出什麼姿勢、自然風就是在主角不經意間按下快門時的畫面等關於影像生產的既定框架，其實也反映特定的社會價值觀與視覺想像，而當編輯與攝影師習慣性以此要求被攝者擺出類似動作時，其內在理應已具備既定觀看、再製特定形象的框架，這些拍攝操作過程即可能承襲自課堂上專業教育訓練，或者受到工作上前輩引導後的結果，亦即職場文化的薰陶。

如此種種顯示，特定文化影像的展示並非自然而然，而是藉由對於不斷討論、競逐何種意象該如何詮釋後的成果，換言之，某種類型的意象，因此也不會是一成不變；相反的，可以透過某種機緣下重構影像內容組成、構圖、色調，乃至於技術面等製作過程，得以改變既定影像「類型化」的現象，進而轉化背後的文化意涵和美學價值。

物件，結合人性融入地域

近年來型農返鄉、產地履歷等議題受到關注，如雨後春筍般的刊物或書籍中出大量現農作物影像，例如屏東特產紅豆、阿里山咖啡、台東日曬鳳梨乾等，面對不同地方都擁有同類型的農產品，作為一位編輯或攝影師，當應邀前往採拍時，該如何構思與安排畫面元素，以強調出不同地區文化下的物產價值與特色？

1 小日子報導咖啡店中的詩人。（攝影／陳志華）2 比起正面直視擺拍，當代文青雜誌偏愛看似自然的畫面取景。

1
—
2

首先，事前的田野調查與訪問細察十分重要，藉由這些過程，有助於找出該地物產有別於他處的獨特性，例如萬丹紅豆特別大顆，阿里山野放茶生態豐富，台東的日曬鳳梨陽光味十足，屏東禮納裡的產物獨特等；接下來，攝影師透過這些資訊，巧妙安排畫面構成，可藉由周邊物件擺設，不經意對比、呈現出紅豆特大顆尺寸；將採茶人置身草叢中，凸顯採摘野放茶的獨特環境；請長者與採摘的作物一起入鏡；拍攝台東鳳梨架高攤放在藍天綠地上曬製的大場景，凸顯東臺灣好山好水好物產意象。

此外，對比機械採收生硬畫面，跟拍彎腰採集毛豆的辛苦樣貌，相信將更帶給觀者體會農家辛苦的最直接的感受，好比米勒的名作《拾穗》；原住民種植龍鬚菜的辛勤，若能搭配清晨即爬上山坡採摘的時空背景，除能體現這種蔬菜的特性，也能透過一張照片更貼近、直觀原民務農生活的真實面。曾有農業行銷相關科系的大學生下鄉記錄拍攝農民生活，並將生產過程的所見所聞編輯成刊物，讓農民採摘蔬果、真實農村生活得以被看見，他們以採集紅蘿蔔的一日勞動過程為題，進行跟拍，從中體悟農產作物耕耘的辛勞與在地知識的寶貴，也啟發不少年輕人重新省思日常所食得來不易。

前文提起創刊於 2013 年的日本《食信通》系列食材情報誌，也引動諸多關於食物產地和消費者之間情感連結的新策略，其中產地直送搭配乘載真實食物生產影像的刊物，強化消費者對產地文化和生產者的情感認同，進而願意長久支持，達致極大效益（高橋博之，2016）。如此說來，「看得見所吃的食物從何而來」這件事，似乎已成為當代消費文化中重要一環；因此，諸如「汗滴禾下土，粒粒皆辛苦」這類老生常談的畫面與議題，倘若能融入新思維與多元視角，跳脫框架，呈現不同傳統的影像構圖與說故事方式，將有機會開啟全新契機。

樂趣，增生老空間活力

英國 BBC 美食節目，逐漸重視產地文化與美食之間的關聯性，透過不同族群主持人踏查全球各地城市、開車探訪小鎮、漁港，拜訪大廚的私人推薦廚房等，不斷強化美食背後的文化脈絡，以及美食的文化設計概念，例如，威爾斯文學中提起的美食小店、葡萄牙朝聖之路實境節目[6]、西班牙安達魯西亞的佛朗明哥節中在地美食餐廳特製的在

[6] 參見 https：//ct.org.tw/html/news/3-3.php?cat=26&article=1395240。

地人 TAPAS 偏好口味，同時以父女、父子或朋友等不同搭檔方式走訪家鄉城鎮，藉由美食展現當地人的思想，同時透過參與非一般觀光小城鎮的文化節慶凸顯食物的獨特性。

換言之，類似的菜餚，在西班牙可能會以自由奔放的炒蛋形態出現，但是在法國可能會是較為嚴謹的法式風格端上桌，但是，在節目的旅行過程中，均巧妙設計文化與美食影像的多重組合，並刻意選擇合適的場景、具獨特性格的廚師、從出海捕撈到餐廳廚房料理等多場域攝製，搭配組合出賞心悅目、引人入勝的文化美食影像內容。

曾在多場的演講中，我提起當年採訪水金九藝術家的經驗。其中，面對當時還是一片荒蕪的水湳洞意象，不斷尋思該以什麼樣的圖像呈現小鎮獨特魅力。直到採訪某位藝術家提起：「水湳洞吸引我定居的原因是山海的四季顏色變化」，我瞬間恍然大悟，「就是這一張照片！」跳脫傳統上總是以陰陽海作為水湳洞的主視覺，轉而嘗試拍下沒落小鎮的山海多彩畫面，即使是冬天的陰鬱灰白色調都顯得獨一無二，因為，這也是當地才有的絕色美景。

隨著網路社群打卡影響日增，修圖技術日新月異，一張精心構圖過的照片往往能夠成為吸引千萬人前往一睹風采。某種程度來說，多數人對於美和好的想像受到主流文化框限，因此容易被引動。例如森林深處藉由部分角度的取景，創造出迷濛的神祕氛圍，附上諸如「藍天、枯木加上清徹的水，相映加倒影」等文字描述，塑造出堰塞湖獨特魅力，至於真實的樣貌如何，則由看倌自行判定。

台味：找出專屬這的光感

所以，主流價值觀引導下的影像，難免呈現類似或單調化的影像作品，對於地景象徵符號的挑選，也大同小異。慶幸的是，這些年來，開始出現別出心裁、帶有強烈反思意識的另類小誌或文化設計之旅與作品，其中反映當代藝術中對於影像生產的概念與思維，不再只是追求「美」或好看，而是融合社會學、文化研究等精神，提供觀者等多重角度省視生活世界的真實樣貌。例如公路旁的鐵皮屋、巴士小站、有點雜亂但充滿人情味的雜貨店、老字號冰果室，甚至是早已被遺忘的城市角落。

可曾注意過
屬於臺灣獨
特的光線？
部落獨特的
作物該如何
結合場域加
以詮釋？

當代攝影思潮也提供我們許多寶貴的影像創作思考。當代攝影者嘗試從探討攝影題材，挖掘可能成立的視覺主體，保留物件與空間的關係，例如保留被攝物的物質性，街頭垃圾、廢棄空屋都成為可被拍攝，並以藝術品的姿態出現，大大顛覆和延展什麼是值得被拍攝對象的概念；冷面的概念則透過一種冷靜、疏離且銳利的攝影風格，跳脫攝影者過度情感化的再現形式，反而藉由近似百科全書的手法，持續長期拍攝同一主題，編撰自然、工業、建築或人類社會的類型學影像。於是乎，我們可以透過影像，看見街道的無聲變化，試圖從旁觀者清的角度，勘查現代生活如何受各種力量的宰制。這樣的手法，也可應用於城市中的溪流變化，或者人造奇景的誕生與消逝等主題（夏洛蒂，2011:91-109）。

多元攝影觀點的介入，開啟觀者更寬廣的視角，同時也啟發文化設計者在視覺設計和展現上的無限可能。當思考城市地景的影像符號與拍攝角度時，以城市中的植物園為例，VERSE 雜誌則曾以近似當代攝影的風格加以詮釋，把充滿各類綠葉的小森林，經由較長時間的曝光，將看來單調無趣的場景轉化為詩意的視覺觀察，以巧妙的方式扭

深入產地，踏查生產者與產物間的關聯，讓餐桌上
的故事更加生動。

轉我們對日常生活的認知，低調節制、曖昧開放卻又能引發共鳴（夏洛蒂，2011:130-143）。

《大雄誌》曾把魔豆（模特兒）帶至幾乎荒廢的遊樂園，藉由穿上復古裝扮，重現一種懷舊的時代氛圍，卻也營造出另類的視覺效果[7]；在大港開唱會場外街拍來自不同城市的觀眾樣貌與穿著，以及透過不同的封面圖像編排，呈現高雄人的政治與生活觀等面向。

Peaceimagephoto 工作室攝影師陳志華在拍攝與製作一本新台味食譜專書[8]時，提及「除了平面攝影之外，還要搭設場景、協尋道具，在尋找道具的過程中，被很多『臺灣味』的光線感動，結合過去生活上對於光的感知」，他嘗試尋找屬於臺灣食物專屬的場景和光感，例如從義大利咖啡機的臺灣海報中尋找亮光，發現臺灣人對於於咖啡機的獨特使用習慣與場景，藉此創造出前所未見、多樣又獨特的臺灣美食新樣貌。儘管這裡所謂的「新」，更多來自於復古考掘的涵義。

---

7 ＜三桃山森林遊樂園＞，參見 https：//www.hionghiong.city/guide/santaosan。

8 MADE IN TAIWAN, 由 Clarissa Wei 著作，@_simonelement 出版發行，彙整梳理臺灣獨特的飲食歷史脈絡和現今發展。參考 https：//www.instagram.com/p/CwC94-HvN7P/?igsh=MTBvZnQyMWNyaDBpOA==。

超過 20 年，以臺灣藝術家為拍攝記錄對象的攝影師陳明聰，對於詮釋藝術人的影像經驗豐富，每一次拍攝過程前，他總會先認識熟悉他們，找出每一位藝術家獨特的性格和作品之間的關聯性，並透過一張張影像細緻呈現，「在鏡頭後方，他默默觀察……」，彷彿觀景框後方的人類學家，定睛凝視臺灣當代藝術的人、事、物（陳明聰、沈柏丞，2015）；筆者在多次與其合作的過程中，發現拍攝藝術文化題材比想像中複雜，首先是對藝術作品的掌握度，其次是如何和藝術家做最好的溝通，畢竟，藝術家通常比一般人有更多自己的堅持和想法。陳明聰偶爾也會友情贊助某些陶藝家的拍攝，其中令我印象最深刻的一次是柴燒陶藝家作品的展現，不採取傳統上直接以陶藝家作品大剌剌單品進棚拍攝手法，改以柴燒火焰與陶藝作品陳列的視覺意象，成功塑造超然的美感視覺，同時顛覆過往柴燒陶器與人黑器污炭略髒的意象，大幅提升了柴燒的潔淨新美感。

換言之，文化設計中難免需可視化古玩意，或者像陶瓷類的物件，如何跳脫傳統上的概念，不只定睛於物件成品，轉而思考過程中的條件和創作細節，或許能開啟令人驚喜的文化視覺樣態。這些年臺灣各地時興舉辦的博覽會與設計節慶，主辦單位莫不絞盡腦汁運用各種視覺符號和設計包裝，以凸顯各城市展覽文化的特點，放眼每年舉辦的青春設計節或臺灣文博會，因應打卡拍照與社群平台轉傳分享的熱潮，視覺焦點與文化設計創新幾乎已經成為決定觀覽人數多寡的象徵性指標，一場大型文化活動的整體視覺展現，可說決定一座城市或地方設計文化水準的評價要項。

練習 1

曾有哪一場的文化展演令你印象深刻？為什麼？

練習 2

請以日常生活中經常行經的街道，挑選一個文化符號，並設計一場主視覺卡片。

練習 3

請以身邊人物為主角，嘗試設計具有脈絡性的背景畫面，拍攝具個性化的肖像照。

屬於臺灣的顏色？這般的生活美學如何形成？從歷史悠久的理髮店到金瓜石山城的小店等，張開雙眼就會看見多彩的臺灣印象。

5 數位巡禮，AI 引動穿梭虛實

除了符號、視覺主體與色彩、色調和文字等設計元素需考量外，當代在文化設計與展示上，越來越重視材質的搭配，一如建築外觀的質料選擇決定了整體的風格與價值感，在文化設計上對於材質的講究也是不可偏廢的一環。

例如，文化設計書籍上出現小眾的復古運動，掀起一小陣透過各類紙張設計、製作手工書的風潮，尤其是針對具有獨特文化或個人創作類型的展示；手工書藝術工作者李俐亞[9]即運用不同紙張與所拍攝影像的堆疊，創造出獨特的海與記憶的創作，並透過將影像絹印在能隨風飄動的布料上，加上燈光的穿透力，營造展覽空間宛如海水的流動感和聲光效能，提升場景的氛圍，帶領觀者彷彿跟隨創作者回到記憶中的海邊。

一場文博會的設計藉由多重思考空間的布局，將能增添豐富度，僅僅是打破既定框架，善用在地材料進行重組，就能獲得更多青睞。例如原住民的文化展場設計，不妨挪用部落中的竹條加以編織，或者結合森林中的地景物件加

[9] 李俐亞相關作品請參見 https：//www.liyafoto.com/。

以編排；工業城市也可透過工業材料加以組合，例如二手塑料、街道上的燈箱或廢棄工廠的鋼料等，可望創生出更具有臨場感的語彙和觸動。

最後，進入數位媒體與 AI 大數據時代，越來越多產業融入運用 AR、VR 視覺觀看技術挹助產業發展，常見的例如空間設計的預視系統，提供顧客透過視覺影像先行體驗改裝完成的成效，這些技術也經常出現在歐美屋宅改裝節目中，全球大城市中也開始掃描連結，將虛實地景加以串聯，電影迷甚至可以透過手機在拍攝現場的掃瞄連結，進入銀幕中幻化為主角，例如參與日本環球影城中的《哈利波特》經典橋段，身歷其境。此外，風行一時的寶可夢遊戲，乍看之下也許只是遊戲迷的另一個競賽場域，但實際上透過該遊戲設計，吸引遊戲迷走出戶外，為了贏得遊戲與寶物，間接也對各地地景文化進行相當了解與認識，一時間全球各城鎮均爭取和遊戲合作[10]，可視為遊戲與文化設計攜手合作的成功案例。

由此看來，新媒體技術、AI 人工智慧與大數據分析與對文化設計領域的影響力，存在無窮潛能。日本動畫結合「聖

---

[10] 參見 https：//futurecity.cw.com.tw/article/431、https：//supertaste.tvbs.com.tw/asia/350195。

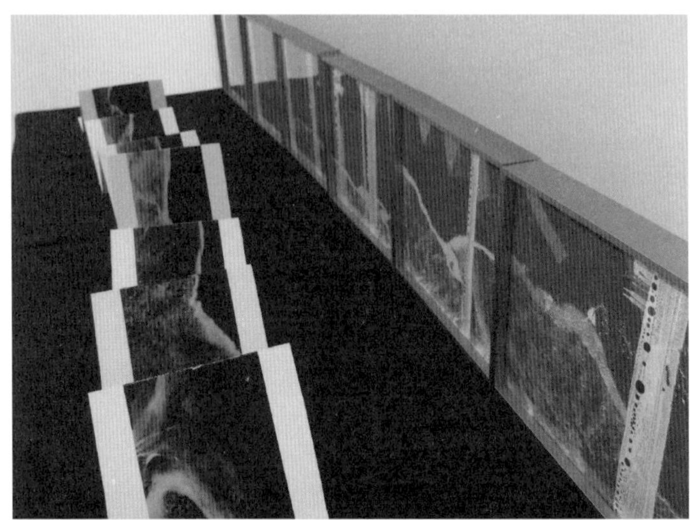

藉由不同媒材的影像展示方式，增添觀者多重的感官體驗。圖為攝影藝術家李俐亞的展覽。

地巡禮」以振興觀光的案例不勝枚舉，其中不僅將文化設計結合影視產業，更進一步將「聖地」作為展現地方文化的重要平台，並透過大數據與 AI 的分析，進一步掌握動漫迷與旅遊群體的偏好、接觸的內容屬性和視覺焦點，預測觀者對新商品與新風格的需求，作為之後設計上的重要參考。

然而，不可否認，新技術也存在諸多挑戰和危機，特別是透過後製影像合成與修圖、以至展出的真偽，所可能形構出的虛假意識與幻影，甚至以假亂真李代桃僵，混亂真相與形成錯誤認知。例如整形風潮的盛行是否與社群媒體上偏重影像視覺展現息息相關？

這樣的發展是否將衍生出另一種「新文化」趨勢，而這種文化風潮將帶來什麼樣的量變和質變？以及對於文化設計者來說，是否能鼓勵更多元性的創意存在，或是將反過來壓縮可能的創意空間？為了迎合需求，設計上將反趨單調和近似性？種種已經在發生中的真實世界與未來發展，值得文化設計人持續思考與審慎面對。虛與實，理性和感性之間，還有很長的路要走。

跨域、策展PLUS

統合媒介展現形象
提供觀點，策展人如設計主編
鉅細靡遺，策展人具多元技能
小結：創造平凡為不平凡

策展是 20% 的天賦與想像力，
加上 80% 的行政、協作與管理。

—— Nicholas Serota｜倫敦泰特美術館前館長

跨域、策展 PLUS

1 統合媒介展現印象

策展（curation）儼然已成為時下流行用語，無論哪一個領域，均能聽到策展人（curator）一詞的出現。例如電影節、文化節、燈節，乃至於食品展、書展等策展人，宛如品牌般的具有某種質感或創意的象徵意義。

換言之，所謂的「策展」涵蓋某種特定形象、任務、語言與行動，不僅是一種行政頭銜、工作狀態的描述，或是製作展演、藝術生產專業、布展等實踐過程，還可能肩負募款、召集、公關與教育等工作面向。如今，更被視為一種「創作力」的呈現，除了被視為一種專業考量外，也進行組織再造，並提出與執行最適切的行動方案（林宏璋，2018：22）。

策展人的角色與概念，可追溯自法國路易十四時的沙龍（salon）展覽，開啟策展人作為藝術展示的規劃、製作與決定展現形式和內容之角色。歷經數世紀流變，進入20世紀現代藝術開展時期，策展人角色隨著美術館的型態而轉變，開始採取將藝術作品以「水平」與「視平面」高度的方式陳列藝術品，且善用牆面引導閱讀順序的布展方式，並成為當今展覽主流格式。

創新上述展示技術的現代藝術博物館首任館長艾菲德·巴爾，同時也賦予當時各個策展人處理不同藝術類型的收藏、展演、研究、寫作等工作，並對應當時不同類型藝術媒體的新美學、創造性之典章化，例如攝影史的教科書撰寫等，而此舉延伸出策展人所對應的「展覽製作」，也包含著各種論述空間的「知識生產」角色。換言之，策展人面對現代藝術作品，不只需要展現、製作及收藏展覽與作品，其所生產的知識體系呼應著藝術史的養成模式，亦即將藝術的發展視為「物件」發展的演變過程（林宏璋，2018：40）。

在文化設計領域，自然也走在潮流浪頭，引入策展概念，作為文化設計與展演的策劃理念，策展人品牌亦日漸受到重視。舉辦時間超過十餘年的高雄設計節，近年來即

觀看藝術品的角度，作為策展人需嚴謹思考。圖為高雄市立美術館《瞬間 - 穿越繪畫與攝影之旅》展覽。

藉由委託知名策展人和單位籌辦的作業模式，開創和連結新的城市設計節格局，尤其在美學風格與整體意象設計上，跳脫「在地」觀點和框架，接軌全球化設計思潮，並融合影音、虛實整合等互動媒介，展現令人耳目一新的城市意象和文化豐富度，成功塑造南臺灣城市新美學。

2016 年，台北舉辦《世界設計之都》活動，當年並未因此建設大型公共建設，卻提供許多臺灣年輕設計師、藝術家發表的舞台，被認為種下臺灣設計文化轉變的開端。往後，包括台北《世界大學運動會》、2018 年的《台中世界花卉博覽會》，開始將策展思維注入過往單純以展示花卉為主的展覽中，並結合臺灣的設計力、科技力、藝術與文化能量等，透過設計觀點控管整體活動的視覺美學與展示品質，同時融合 AI 與大數據整合的「聆聽花開的聲音」互動設計，令人大為驚艷，開啟新的博覽會運營模式（張基義，2020：10）。

以屏東為名的策展，這些年也不斷推出亮眼成績。例如第 30 屆臺灣燈會、臺灣文博會《Culture On the Move》、屏東臺灣設計展《超級南》亦陸續注入年輕社團隊的策展思維，並透過設計結合藝術、科技的操作形式，以及連結多媒體宣傳管道，建構出臺灣在設計、藝術與科技融合上的新能量與可能性（張基義，2020：10）。在策展與設計思維的介入後，屏東不僅逐漸脫離過往農業大縣的傳統形象，更成為年輕人眼中充滿文化新鮮感的「有趣」地方，在墾丁之外，更願意選擇停留屏東城市中漫遊，感受屬於南方的藝文氣息，也翻轉過往重北輕南的文化天秤，而細查南方城市的文化意象重構之路，無不和大型策展活動與設計美學的介入有深厚的關聯性。

一座城市的印象，透過展覽提出創新論述與觀點，其最核心的問題在於追問「為什麼要辦這場展覽？」也就是策展動機的發問與釐清；再者就是「如何展示？」，亦即用什麼方式表達展覽故事和觀點，借用多媒體？紙本？或者表演形式？緊接者才規劃「展出什麼？」在質和量上首先須取得平衡，目的不在於陳設物件，而是所展出之物要能引起觀者好奇、提供知識，更重要是引發共鳴和感動。好比一張懷舊海報，可能勾起不同世代人的童年回憶，或者老派的紙箱盒印花、夜市街景燈箱字樣，經過元素提煉和創新組合出的大型看板，可望一躍成為展覽中最受歡迎的打卡景象。

2 提供觀點，策展人如設計主編

那麼，策展人所司何事呢？

策展，顧名思義就是策劃一場展覽，策展人即是策劃展覽的人。根據維基百科上的定義，策展人是為美術館、博物館、圖書館或其他商業單位安排藝術家與場地方媒合展覽事宜，或是決定文物呈現方式的獨立工作者。傳統上提起策展人總是和有形的藝術品關聯再一起，如今則不乏數位策展者或生物數據管理員。當代所謂的策展人，實體部分所涉及範圍則不限於藝術展覽，而涵蓋商展、大型活動，乃至於會議、研討會；換句話說，從小型藝術展覽、活動到大型會展策劃人，均屬之。至於數位策展人則更強調透過互聯網、跨媒體匯流等形式，規劃呈現展覽或活動規劃者。

當下常用的策展人用語 Curator，其實來自於美國慣用語，語源來自於拉丁語的 Curator，意思為照料的人。

然而，在法國稱策展人為 Conservateur，其意涵包括 conserve（保護者）的意思，帶有強烈保護藝術品（寶物）的概念。此外，英式稱策展人為 Keeper，偏重守護寶物的印象，反觀美式用語 Curator 源自於 Curation 這個詞，更偏重蒐集情報、整理與編輯資訊等作業。換言之，歐式用語強調「保護作品」，而美式用語較看重「處理資訊」面向，因此 TED 平台、國際影展也會出現所謂策展人角色（高橋明也，2017）。

換言之，關於策展人角色定位涉及搜尋、整理、串連資訊予以重現，並透過相當論述的呈現與強調，凸顯這些資訊的顯著性和影響力，也就是從無到有推出一場展覽、推介給大眾觀看、知曉、參與，同時也需要確保、防護展覽品的安全。在看似風雅的外表，其實蘊含無數細節和瑣碎行政、溝通等工作。因此形成各國策展人社會地位、身份背景殊異，以及產業發展脈絡的多樣景況。

策展人的角色，某種程度與編輯極為相似，首先必須具備自己的觀點，進而對一些事情提出不同見解，甚至某個程度上激發藝術家多元的創作能量。以策展人張禮豪為

位處巴塞隆納的畢卡索美術館，也需要不斷推陳出新展覽主題。

例，他從文史入手，為藝術創作者、作品進行新的敘事編寫，多年的策展經驗，讓他體悟「並非每次都是全新系列的作品展出，因此必須不斷從中找尋新的敘事方式與對話關係」，此意味著策展人扮演替藝術家、藝術作品重新詮釋，以深入淺出的方式與語言，好向觀者傳遞藝術知識（漂亮家居編輯部，2020:129-130）。

隨著平台多樣化，當代策展人如雨後春筍般出現，策展，除了看重個人品牌，更可視為一套編輯過程。策展人透過各式各樣的原料素材、表現方法，將所有的東西統合進一個概念框架中（漂亮家居編輯部，2020:135）。換言之，從資訊雜亂的汪洋中，藉由賦予特定的脈絡、情境，而產生新資訊的存在，這就是策展人的任務。簡單來說，作為策展人，首先必須具備一定觀點，再將看似龐雜無關聯的資訊去蕪存菁，找出和連結其間的脈絡，並加以論述呈現，轉譯成觀者能夠理解的話語、媒介形式，提供全新的觀看角度。

什麼內容，WHWM 四維論述

即使是看似枯燥無味的文獻資料，透過策展人之手，總能轉譯成親近大眾的樣貌，只是，策展的開端，首要釐清「為什麼」要策展？緊接著思考「如何」展覽？然後取捨比例，決定「什麼」將被展出，並且透過哪種媒介呈現。也就是從 Why、How、What 及 Media 四個維度進行思索，找出策展主軸、整合出一套策展論述，提供新觀看角度，引領觀者領會某種意義。

從實際操作面來說，策展可視為文化設計的一種呈現形式。其表現平台可以是影像、平面刊登、互動式遊戲，以及虛擬 VR、AR 等新媒介作品，誠如藝術展演一樣，只是展出的主題聚焦於「文化」概念，例如各種以城市為名的展覽，從地方史出發的高雄岡山文化展覽、結合在地影音紀錄的馬祖聲光秀，以及整合年度燈會活動的屏東文化藝術祭等，題材均圍繞著文化獨特性，卻透過不同媒介平台加以實踐。

所以，作為文化設計暨策展人，必須從多面向整合思考，包括這一場展覽與演出，比較適合採用何種形式呈現？展演的主題設定，以官宣政績為主，或者凸顯在地居民的參與主體性、互動性？同時考量人類賴以溝通、觀看和體驗世界技術的日新月異，例如元宇宙、AI 帶來的感官新衝擊，並且考量展演的資金贊助人的期待，以及對於展演績效評估的指標等面向。如今，無論公私部門對於績效考核，均越來越重視媒體曝光率、社群平台瀏覽數、互動點讚率與分享等，這些對於策展的規劃與設計思維，無不產生不斷的突圍刺激。

這些年，臺南的文學博物館即善用主題包裝與創意聯想，把傳統文學作家的手稿等，融合影音、空間設計、社群互動與遊戲機抽籤等多元巧思的佈局，讓過去多以平面展示的書籍、書稿與說明看板「站」起來，變成活絡親民的動態作品，令人耳目一新，有趣豐富之外，亦昇華文學魅力，吸引更多年輕族群觀覽，晉升新朝聖地。

以高雄為名的各類大小文化與設計展覽，近年來經常讓人眼睛為之一亮。其中 2022 年的高雄臺灣設計展即設計大型互動式舞台，以萬坪展區「設計中島」概念，邀請參訪者登島感受，設計 LOGING、青春限動與 DigiWave 等「新潮」互動體驗，一方面提供觀展趣味性，滿足當代移動式手機用戶「打卡」的慾望需求，另方面藉由互動舞台、AR 與 VR 虛實整合技術、沈浸式體驗的設計，將文化與城市的想像延伸更廣，讓登島者感受高雄港灣區與海濱變化的歷史文化，從中感受這座城市的變化脈動。

臺灣元宇宙與 VR 虛擬實境領先者黃心健，曾經與美國前衛藝術家蘿瑞、安德森合作的《沙中房間》榮獲第 74 屆威尼斯影展首度推行的最佳 VR 體驗獎，2023 年他於高美館推出《X 人稱》元宇宙劇場、互動藝術的展演，開啟沈浸式場景與說故事的「story living」新形式，強調透過 VR 技術，讓他得以從不同觀點與藝術觀看人的行為，發現身體美學和當代媒介技術之間的新可能性，凸顯感官會影響人的認知、思想會顛覆身體感受的概念（黃心健，2023）。

北科大的超媒體 XR 科技研發中心主任、藝術家曹筱玥與學生、臺灣時裝設計師合作「多元宇宙時裝秀」，打造虛擬模特兒與真人同台走秀場景，展現未來時尚展演框架（李永蓮，2023）；曹筱玥所創作的 VR 作品《藍眼淚》則成功將馬祖藍眼淚結合歷史、生態與愛情等內容，提供觀者豐富的遊賞想像視野，注入藍眼淚景觀更多元浪漫感受，榮獲 2022 年洛杉磯電影獎最佳虛擬實境獎肯定（吳柏軒，2022）；該件作品持續發展，融合更多元的馬祖文化元素，藉由跨領域的連結設計，開創出想像不到的可能性。

2023 年的臺灣設計展在新北市舉辦，其中一款「圈內人測試」吸引海內外破 1535 萬人進站參與、累積 2.7 億瀏覽量，該成績顯示了線上、線下整合策展，並搭配周邊文化景點串連展覽，例如鶯歌博物館、國民運動中心和老街，甚至戶外市集和大型互動聲光秀等全面展演設計，把展覽變鮮活了，已成為當代策展規劃與創意發揮的潮流。

如此看來，文化設計、創意發想和新媒介技術的連結將越來越緊密，隨著移動式媒介與互動設計越來越融入生活中，作為文化藝術設計者也會更重視該領域的表現形式與美學經驗。

如同麥可魯漢所言，媒介作為人類感官的延伸，或者作為媒介景觀的形塑與建構，均透過新媒介匯流技術創造出更多感官視覺、聽覺和觸覺等多面向的體驗。而參與使用者在過程中，透過數字與自媒體等平台交互應用，無形中也將這樣的感官體驗傳遞出去，不僅觸動不在場者觀賞分享，同時召喚他們參與行動。

當代將策展視為創作與想像力的加乘展現，線上、線下已充分融合為一體。因此，一場文化設計展演，不僅將現有的資料重整後直觀陳列，更重視如何將平面展示的資料透過不同的編輯、拼貼、轉譯、多元媒材融合、互動活動等設計過程，因應新媒介技術平台說故事與展現影像的形式規格，將原本看似硬梆梆的文獻資料，不僅從平面站起來，推向動態立體呈現，更轉化成有趣生動的聲光展演、打卡分享與互動遊戲限動等形式，觀展彷彿進入一場遊樂場，穿梭趣味設計之間，體驗、感受知識與沉浸歷史文化的魅力。

3 鉅細靡遺，策展人具多元技能

威尼斯雙年展匈牙利館策展人佐爾特．佩特蘭尼曾在一場策展人培訓工作坊中，以「策展人是一個怎樣的工作？如何定義一個策展人？」開題，透過羅列一位策展人的特質與工作？激盪在場參與者共同思考與定位策展人角色，

透過設計讓孩童與觀者更參與沉浸在展品中。

關於策展人該是如何，其實並無唯一標準，所負責的任務事項，端視不同情境而變；資深策展人翁淑英則進一步針對展覽行政操作實務指出，執行一個展覽可說是對一個人做人與做事邏輯的檢驗，作為策展人更多需要理性的思維，包括展覽的主軸是什麼？預算多少？能邀請多少位國內外藝術家？如何溝通？展場如何規劃及燈光與多媒體如何裝置、觀展動線與作品之間的關係等面向，都需要明確掌握，也就是說，與其說策展人除了具備前文所提起的主編技能，而了解、熟悉工作流程更是策展人重要工作（熊思婷，2011）。

此外，策展人除了提供觀點、展覽論述主軸、展覽內容邀約與整體設計規劃外，還需要和相關執行與工程人員溝通，例如藝術作品拍攝、視覺風格、空間設計、動線規劃、燈光技巧和時間表確認，乃至於開幕貴賓邀約、記者會舉辦、媒體宣傳與互聯網宣傳等。作為一位展覽的總指揮官，策展人需要不斷訓練自己的雙眼，掌握藝術作品的拍攝方式和技巧、美學潮流與趨勢，才能稱職地協調相關視覺執行作業過程，不僅是展覽整體美學風格展現總舵手，小至作品展示位置與場域的關聯性、燈光角度與如何反映作品思想，背後的燈光線路、電路藍圖規劃，甚至布展、撤展時間、步驟排序等，均需要和合作團隊持續溝通，經由縝密規劃與配合，才能順利完成。

筆者曾實際參訪全球藝文盛事威尼斯雙年展，見識到整座城市作為一座展覽館的概念。當年臺灣當代藝術家楊茂林應邀參展，並由一位歐洲策展人負責展場規劃，那位策展人和母親曾在臺灣就讀藝術研究所，同時具有義大利和法國血統，他們選擇在威尼斯一座小教堂展出楊茂林作品。展場地處水都的日常社區之中，但原有教堂窗戶被拆下，換上楊茂林的作品，對應藝術家展覽主題，可說十分相襯。

只見當地居民路過時，或者推著嬰兒車，或者三兩好友午後同行，走進教堂內細細品味遠從東方前來展出的大師作品，並不時與策展人聊天討論，互動熱烈。每天展覽結束時，可見策展人親自將作品推進教堂安置，他也就展覽細節、場域選擇和觀者反應等面向與我深入交流，深刻體會這位策展人對楊茂林作品的喜愛與熟悉，卻也認識到作

展覽空間佈局和動線規劃，燈光與視覺風格設計等，均考驗策展人（攝影／黃心侃）。

臺灣當代藝術家楊茂林在威尼斯雙年展的展場進駐當地教堂，周圍的廣場也是市民日常活動的據點。

為策展人需要關照方方面面，甚至一人獨當一面，即使在如此國際性的藝術展活動中亦不例外。

在地性的把握

作為文化設計策展人自然也不例外。尤其以文化為主題的展覽，通常涉及更多在地文化性，此意味不僅展覽主題與內涵需凸顯在地文化特質，在整個布展過程中可能也需仰賴在地團隊協力完成，對於在地行政、施工團隊的文化特質，策展人有必要、也不可避免地需要加以瞭解、融入和配合。

舉例來說，當策劃岡山地區的文化展覽，則應考量在一定的預算下，如何善用當地團隊資源，透過在地執行團隊的連結合作，一方面節省遠程花費，另方面也強化在地人的認同與連結度；至於在策劃主題上，也應思考如何增強在地人的參與興趣，畢竟，地方展演主要的參與者和觀眾，首先應該設定為在地人，其次才是遠方來的觀者，所以策展主軸與展覽內容的設計、執行過程可強化在地人能夠共同完成部分，好比用舊照片說故事、在地人說在地故事的影像紀錄，或者邀約在地藝文名家與團體協同策展等，在無形中即能增加在地人觀展的吸引力與能動性。

提出「宜蘭是一座博物館」為訴求的宜蘭縣政府與蘭陽博物館，對於博物館該是如何，以及策展的內容更具體地連結地方文化論述，聚焦於對在地知識的關心與傳統文化的保存，充分融入社會性與思考性的動員模式，共同討論博物館的主體性，同時鼓勵公民參與（林秋芳、蔡明志，2013）。如此的文化策展概念，不同於一般商展或文創再現論述，關於博物館外的戶外、宜蘭厝的空間改造等都成為展演場域，無形中鏈接地方政府的整體施政成果。當把握住了展覽的目的性，做什麼？如何做？活動策劃焦點？均將更為清晰，如是以公民主體與社會參與為主訴求的策展初心，看似硬梆梆，但經過創意想像與在地獨特脈絡梳理後，即能創生出意想不到的活化精彩。

無論是策展生手或熟手，當接下文化設計與策展任務時，首先，可根據 5W1H 架構釐清展覽的目的和展覽形式等大方向，根據《跨域策展時代：文化行銷的創意實踐心法》一書中也提出七大類方向：確立展覽定位與目標導向、提出具有時代共鳴的命題、融合永續策展概念、跨域分工整合、切換語言模式直指共同核心目標與媒體行銷推廣。

彙整多重經驗與各類理論文案，整理出策展操作上的關鍵思維與技巧，提供以下五個面向，作為參考，並進行往返檢視和推進：

一、整合，歸納資料策劃視角

辦展之前，策展人通常會有許多想法，但是，最終能夠如何呈現？或者聚焦於哪些主題？通常需要經過實際盤點能作為展出的資料而定。有時候看起來散亂無關聯的資料，也可能透過策展人的重新編輯、串連，轉而成為別具意義的策展主題。例如，看似無關聯的青農故事，透過策展人的深入探訪、梳理紀錄故事後，將可能發現這些青農返鄉均有類似、相仿的時間背景和理由，甚至返鄉後遇上的挑戰和全新生活景況也近似，這時候，作為農村生活文化策展人，可將這些不同的素材加以萃取，抽取出彼此之間的關聯性，涵蓋青農學經歷背景、營生的方式與城鄉連結脈絡等，構思一個能涵蓋整體農村的青農新文化生活展覽，提出觀察農村新世代所創造出的文化全新視角，並藉由凸顯他們的個人特色、專長，設計出不同於傳統農村文化的展演。

以高雄美濃為例，連續多年以農村藝術節吸引來自多國的文青和遊客探訪，其中除了故鄉在此的客家音樂人林生祥曾經是重要聯結外界資源的關鍵人物外，藉由音樂在地展演提升知名度，也陸續出現果然紅夫婦創作裝置藝術、留「美」生活圈提案，以及「小地藝術日」等展演主題，邀請海內外以在地生活文化與自然生態為主軸的生活設計師等參與，把在地物產白玉蘿蔔、橙蜜番茄與設計工作坊結合，規劃「飲食生活美學工作坊」等，並推出第一個以小孩為主體的「小孩趣市集」，融入客家繞庄習俗，讓市集每年巡迴不同校園舉辦，也開啟孩童對校園的多元想像（王南琦，2019）。

這些主題的提出仰賴策展人對於相關素材的熟悉和重編，例如「果然紅」策展人透過對生活農村的熟悉度，延伸前往日本參展的觀察經驗，將藝術展演與在地物產、食材與設計精神加以整合，並根據日常生活中對美濃客家文

把看似雜亂的圖像資料梳理出有意義的展現牆，考驗策展人功力。

化精神與教育理念的獨特視角，例如校園教育尊重孩子獨立自主和「野」性展現等，刻意將其放入策展設計中，以市集活動凸顯生活在農村的孩子在自由的場域中成長，更勇於表達和展現自我等性格，同時不忘聯繫上客家傳統的繞庄分享精神，構思出不同凡響的在地藝術展演，讓遠自台北前來採訪的媒體人都表示驚喜。

越來越受歡迎的數位博物館概念也開啟新的觀展形式。互聯網上「時訊談」曾分享，2023 年 5 月位於中國金沙博物館設計一場考古展覽，但開放參觀者自行策展，這場名為「策展大師金沙雲觀展平台」的新嘗試，鼓勵觀者自我展示與虛擬創作體驗，涵蓋觀者自行選擇展品類目、設計展覽海報、文案寫作等，並於平台上推文分享，引起千多人上傳迴響，也可視為一種新展覽形式的展現。

傳統藝術透過新媒介重新詮釋，往往能彰顯出更多趣味。2023 年底，在台北華山藝文中心展出的「向大師致敬 -- 印象派光影藝術展」即是一例，達文西、拉斐爾、克林姆等大師的作品藉由數位媒介，展現印象派光影藝術的美學，提供觀者感官更多重感受，讓原本平面的畫作躍然而起，仿真畫呈現立體聲光與 3D 空間感，將印象派畫作的特色：光影隨不同時間、季節和天氣條件而有所變化，藉由新的設計體驗，讓觀者產生身歷其境之感，增添觀覽的新鮮體驗。至於許多在地文化空間，也逐漸嘗試融合沈浸式體驗，例如經典地景故事的影音重現、獨特文化景象的投影展演，以及美食餐廳與產地四季風光的共時性同台等設計，把文化元素滲透入身體五感與美感經驗，提升觀覽者駐足品味的臨場感與興致。

作為策展人，進行一段時間的田調與蹲點是必要的。唯有如此，才能看見、發現和重編看似平凡無奇的元素，從點與點、線到線，進而進行全面性的脈絡梳理和主題萃取，並加以重新規整分類，選擇一條主軸，編織出不同的風貌。而同樣的素材，經由不同主題的貫穿，也能衍生出不同的分類法和編織圖像，好比 2023 年秋天，於美濃舉辦的「美濃水圳漫旅藝術節」，即以在地獨特水文風情為主軸，打造最美的夜間水圳之路，邀請來自於同名的日本美濃市等地方創生團隊，共同舉辦 120+ 市集，活動長達一個月（詹曉萍，2023）。這樣的夜間祭典不僅具有話題性，也帶來實際上的跨國地方藝文資源交流，以及文旅新巧思，引入農村夜晚不無聊的新意象。換言之，無論是季節、夜晚或者自行策展，都能成為策展的主軸，關鍵仍在於如何將手上的資源巧妙重編、轉化為具吸引力的亮點。

二、見識，關心時事掌握命題

事實上，無論是策展主題、新聞議題設定，乃至於品牌行銷短文，莫不應抓緊社會時事動態加以發揮，追根究柢，不外乎策展也需要媒體的關注與報導宣傳，抑或是社群平台、短視頻或者熱門訊息管道的推播等，而這些點閱、點播率也都需要緊扣時事焦點發展，因此，作為策展人自不能深居山林不問世事，也需要對國際動態、全球議題多所涉獵。

以每年均舉辦的電影節、設計節為例，如何推陳出新，並與新媒介技術高端結合，考驗策展人的腦力。相對於實體展覽展品的獨特性、珍稀性，影像方面的展演可能更仰賴展出品的創作者魅力，而如何邀約夠話題性與吸睛力的創作者，同時透過活動動員相關參與者投入，當代坎城影展、柏林影展或者威斯尼斯影展，以及金馬影展、高雄電影節可作為最佳觀察案例。除了國內外每一個電影節均有明確的定位外，在主題選擇上也往往與當年全球關懷議題相關，在主視覺設計上也會相呼應。

2022 年坎城影展即以向 1998 年經典電影《楚門的世界》致敬為主視覺海報設計的靈感，同時於官方文案中強調「正如由獨一無二的金凱瑞所詮釋、令人難忘的楚門用手指掠過了他的地平線，坎城影展也從容應對世界的極端本質，以便能重新掌握並理解它。」聲明中凸顯世界充斥氣候危機、人道主義災難和武裝衝突等問題，但影展仍會如期舉行（Mondy Pan，2022）。上述無異是電影節的策展宣言，看似平淡的論述，卻清楚點出策展的態度。至於參展人其實也都有自己一套選擇標準，也不難發現某些導演經常是特定電影節的常勝軍現象，顯見電影節本身就是一個文化象徵場域，各有關懷與對文化藝術的觀點，所策展的主題也圍繞這些不變的本質。

2023 年雄影（高雄電影節）以「XR 無限幻境」吸引大批創作者與產業關注，主要原因在於電影文化與新媒介融合的潮流勢不可擋，相對於傳統電影形式，雄影更有空間與彈性聚焦於這些主題上，提供南方影友全新的觀影體驗，區辨於台北電影節定位，在策展思維上應經過深思熟慮。諸多的藝術節或大型展覽會中的講座亦是如此，策展人如何在看似變化不大的參展活動中尋思具吸引力的話題，考驗其對相關領域的熟悉度外，更考驗策展人對於當時社會狀態的掌握，以及如何貫穿各類線索、檢視所掌握的資源後加以提煉而成。

事實上，結合社會時事也非僅止於搭上時事列車，也意味著跟隨市場潮流，針對策展主題或講座等加以巧思安排。以茶葉博覽會為例，這些年廈門茶博會規模越來越大，所針對的參展對象從一般民眾更多轉向為業者、廠商，相關包裝素材、茶文化周邊產品展區更形擴大，至於茶博會上的講座、論壇主題，從烏龍茶、普洱茶，乃至於品香、考古茶具再生等議題均成為一時之選，展覽中象徵精神理念的論壇、講座亦需推陳出新，經常成為吸引人氣的重要指標。

每年的台北國際書展、台北國際動漫節已晉升為文化界盛事，無不讓策展人絞盡腦汁，除了列出名單、邀請當年廣受歡迎的作者、動漫人物登場外，更涵蓋主舞台活動、Cosplay 與促銷等系列活動的縝密設計，以確保展覽期間不出現冷場，有關展覽的主視覺與媒體、社群行銷亦趁早開跑，透過互聯網推播分享，以勾動讀者和粉絲的持續關注與討論。

在 COVID-19 疫情數年期間，多座歐洲博物館開始積極建構數位展覽，各國藝術家也開始思考數位行動藝術，其中倫敦的大英博物館的數位展覽曾引起熱烈迴響，畢竟，過去需要長程飛行、排隊入館，歷經數天才能盡覽珍藏的一級博物館，由於疫情也不得不做出改變。因此，哪些作品如何透過數位平台展出，館藏珍寶的視覺呈現形式等，都成為一時研究重點，更啟動各國博物館數位化的開關，方興未艾，如今 Google Arts & Culture 也利用街景技術，將世界各大博物館、美術館呈現在網路平台上，想遊逛大都會藝術博物館、大英博物館、羅浮宮、現代藝術館等經典收藏品都能一飽眼福，提供觀展人一大福音。

日本的江戶東京博物館在疫情期間，積極將實體展覽轉化為數位形式，在有限的資源中，攜手高度意願的合作廠商，共同開發出「Hyper 江戶博」[1] 應用程式，讓觀者透過下載 App，即能參與互動遊戲，成功吸引 20 萬粉絲，引起各方關注，疫情後延續發燒，不僅讓無法參觀實體博物館的認識他們，也讓更多族群願意接近和透過遊戲進一步認識東京的江戶時期文化。其中涉及館藏選物、故事主題設定和數位轉譯形式的多重串流與想像，讓使用者玩樂之餘，自發性地習得歷史與文化（春木晶子，2024：52）。

此外，越來越受到矚目的無人機與區塊鏈議題，也逐漸受到策展人關注和邀請藝術家介入討論。目前任職德國歌德大學基爾希博物館 (MGGU) 館長、德國策展人伊娜・內德邁爾 (Ina NEDDERMEYER) 以批判性思維結合數位藝術展演與互動模組，提供觀者重新檢視無人機、區塊鏈是否真如所宣稱般的客觀和帶來民主參與的可能，充分連結全球熱門議題，深入探究沉浸與關鍵距離之間的虛實，藉由策展開啟藝術與技術之間的多重對話（伊娜，2024）。

所以，從世局變化中尋找最 IN 課題，再經由文化策展與設計創意落實，嘗試不同的美學風格展現，千變萬化、無限延展，驚喜可期。

---

[1] 參見 https://www.edo-tokyo-museum.or.jp/en/。

三、效益，對的團隊加乘資源

策展主題與設計主軸大致確定後，下一步就是尋找理念接近、溝通良好與條件相符的設計團隊合作。從現實面來說，展覽經費涉及能找尋的合作團隊規格。筆者曾應邀統籌一場以小島為名的主題策展，由於時間緊迫，加上經費一直處於不明確狀態，雖然透過策展達人找到具有相當落實力的團隊洽談，但終究卡在預算問題，無法往前推展。換句話說，策展理念的落實與否，涉及經費問題，也連動願意合作團隊的規模與經驗，新手策展人只能多多運用既有人脈資源，設法先累積策展資歷，然後再進階追求更高質量作品。

執行一個展覽可說是對一個人做人與做事邏輯的檢驗，展覽的主軸是什麼？預算多少？能邀請多少位國內外藝術家？如何溝通？展場如何規劃，以及燈光與多媒體如何裝置，觀展動線與作品之間的關係等。換言之，除了美感與論述基本能力外，了解與熟悉工作流程也是策展人重要工作（翁淑英，2011:11）。

新手策展人若能具備基本的設計繪圖能力，將可事半功倍。此外，培養運用二手展演器材眼光，也可相當程度節省展覽成本。例如廢棄的貨櫃木架、二手回收的桌椅、展示架，甚至枯樹枝幹與粗繩索等，運用巧思規劃展覽空間佈局，尤其是講究文青、自然感的展出，反而能夠發揮加乘效益。

再者，新媒介科技在展演設計上扮演越來越重要角色，甚至躍升為策展的主題，例如 AR、VR 文旅互動體驗、聲光錄像作品形式，幾乎已取代傳統的藝術文化平面展示，即便是小規模的在地文化與物產展，這類形式也躍升視覺主體，加上環保觀念抬頭，現在連紙本印刷品、導覽簡介都大幅減少，取而代之的是二維碼掃碼，收聽、看影音介紹，甚至透過遊戲互動體驗，強化博物館或美術館等展演的文化傳播功效。再者，透過遊戲的後台設定，讓觀者，或稱為玩家在遊戲過程中領會藝術家想要傳遞的涵義，例如透過遊戲程式的編寫，在「成功」追夢的過程中置入 bug 與障礙，一方面讓玩家自主選擇與收集「成功」的要件，一方面透過闖關等障礙，提醒社會結構所帶來的無形限制等批判哲思。

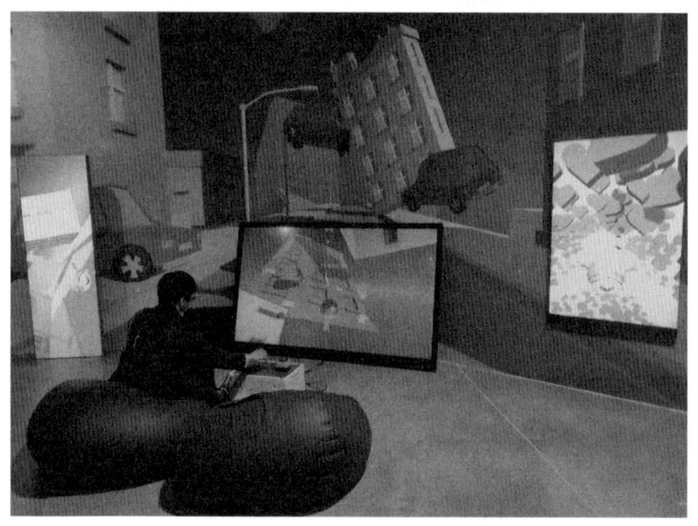

結合多媒體與 AR、VR 等技術，鼓勵觀者互動沉浸體驗，將能提升文化設計的無窮可能。

此意味著，作為策展人，對於新媒介科技的功能與應用亦需緊追跟上，也就是運用新科技的數位轉譯語言，以及多重裝置平台，將實體或平面的展演進行多重形式串流與跨越時空的多元傳播，除了增添展演的豐富度，更重要的是強化觀展魅力，藉由互動參與，無論技術、形式或內容創新，讓觀展變得更好玩有趣。

然而，在有限資源下，如何透過策展人巧思與日常累積資源的串連，發揮最大展演效益，例如藉由越來越輕便的手機攝錄功能，進行文化影音編輯，透過「說一個好故事」而非拍一齣大戲劇的理念，以小而美形式，同樣展現出文化的精髓與內涵；甚者，藉由邀稿、徵集圖文或影音串流等多元形式，豐富展出內容，再加以二次匯流編輯，成就不同文化主體的視角，創造出全新的觀看視野，如同疫情期間全球影音藝術家的集體創作。

2023 年嘉義市立美術館所推出的「非日常路徑」展覽（Unordinary Pathway）以城市為命題，策展人邱誌勇整合線上虛擬與線下實體展覽，凸顯虛擬整合的媒體科技應用，對既有環境的另類創造，使城市在虛實之間浮現。該場展覽空間也探討數位科技下的空間穿透與異境共存的當代文化景致，展場從戶外延伸入館，藉虛擬邁入真實[2]。觀察這類的策展形式，在當代藝術中越來越常見，整合線上線下、虛擬與實體形式，一方面創造新的空間，另方面也藉由新媒介技術呈現多元影音的素材，在策展人巧思編排後，將不同展品透過論述加以重整、排列，引導觀者穿梭主題之林。這類的策展避開大陣仗裝置成本，彰顯策展人功力。

筆者曾策劃一場「以書寫為名的日常生活」文化展覽，最初主辦單位提供的經費突然遭到大幅緊縮，當時邀請策展的主辦人運用巧思，引入當時還未受到關注的貨櫃（疫情後貨櫃一個難求）作為展間區隔，但也導致所邀請的參與者得重新規劃設計展出空間，所幸參展人都善用創意，在短時間內重新佈局，並因此增加諸多互動相容，反而展現出另一種嘉年華氛圍。

在全球化文化市場蓬勃發展下，有限資源的含意，不只是成本考量，還涉及物流和區域產業模組化等面向，當策劃跨域展演時，在維持既有的創作美學內涵外，如何適度

[2] 參見 http://chiayi.online/pathway。

接軌展演地的產業文化和設計美學，也是對策展人一大挑戰。例如，一幅大型繪畫，如何運送出國？在既定展演場地條件下如何最佳展現？展覽需用的海報、隔間設備，在展覽地是否能如期待輸出？購置？甚至在印製流程上，能否如期達成？因應展演區域的文化，是否進行美學設計的微調？這些課題均仰賴策展人事先加以盤點克服，以確保展覽成效。

多次前往歐洲，參與巧克力創作國際競賽的李建生老師曾說，將原住民文化獨特性展現在巧克力雕塑上並不是最大困難，更大的挑戰是如何將大尺寸的巧克力作品拆解、運送出國，並於當地尋找合適的材料與餐廚場地加以重新組合、修整後再現，往往只要稍一不慎，作品就會留下難以彌補的細節瑕疵，導致文化展演上的遺憾。

此外，文化展覽現場是否販售商品？商品提供現場販售或下訂單再寄送？這些問題都應在展覽前思索清楚，以便在展覽期間提供可因應的存貨與對策，包括二維碼下訂圖示、品牌官網、聯絡方式等資訊。曾於花蓮糖廠展出的臺灣《茶金》電視劇實體展出，在戲劇走紅後，安排規劃後續拍攝場景的實體展，透過時間軸的概念，貫穿臺灣茶葉歷史，包括搭建茶葉製作廠房、主角的房間、品茶間和洽公會議室等，同時重現許多珍貴歷史剪報、圖像等，引人入勝，並於出場前推出周邊商品的展示花車，滿足想要收藏紀念品的觀展者心願，充分發揮戲劇延伸效益。

以小搏大，創意發想無限，對展演媒介技術平台的掌握越深入，可望開創意想不到的新局。對文化設計策展人來說，把握在有限的資源與區域文化特色下，發揮最大效益，無論是聚焦作品、形式、論述或者空間美學設計視角，不僅關乎能力，更是智慧的體現。

四、空間，掌握佈局動線視角

完成策展整體空間規劃與陳設的風格設計圖後，接下來將考驗策展人對於展覽相關施工和燈光照明等面向的理解度。事實上，這方面理應有專業的設計師與布展執行人，尤其在專業美術館與博物館裡，在策展人之外，還會配搭專業的布展人，負責展覽作品吊掛、格局施作和燈光照明等視角的調整等。然而，在現實中，礙於專業分工與經費成本問題，策展人可能必須一個人獨立完成這些作業，所以具備基本的水電施工路線規劃、燈光照明等領域知識，將有助於布展溝通更得心應手。

策展中關於工程技術與燈光設計執行的面向，看似與美學無關，但實質上是替作品把窗打開，無論是展覽規劃、撤展與布展與電路藍圖規劃等，均涉及展場整體作品的安排、互動設置等如何運作，可視為一場展演成功的幕後英雄（何仲昌，2011:13）。所以展場空間設計、燈光形式、多媒體裝置、觀展動線與作品之間的空間與體驗關係等，策展人一開始即應進行詳細的勘景，在既有的工程配置架構下，根據需求加以協調或裝設，如此才能充分滿足參展者與展演現場的必要條件，達成最佳觀展效益（翁淑英，2011:11）。具體分述如下：

（一）燈光：畫龍點睛，傳遞精神意涵

首先，在燈光設置上，一般靜態展覽中常見的燈光種類包括背景燈、投射等，通常會搭配軌道架設，以便配合各類作品需求適度調整，發光二極體、光纖照明、鹵素燈照明與螢光燈照明因光色、耗能與發光率各有優劣，由策

多媒體設置與燈光形式在當代藝術展演中越來越常見，藉此讓觀者走入展品，遊走虛實之間，喚起內心深處對生活周遭的感受。

展人針對展場整體氛圍加以統籌運用。而在大型文化活動中，由於空間規劃涵蓋大型舞台、展示櫃臺和櫥窗等不同空間，在照明度上，策展人也需要提供基本範圍，以避免有些展位過度搶眼等負面效果。

藝術展覽的燈光，具有畫龍點睛之效。在當代藝術作品，往往偏重精神意涵傳遞，藝術家作品的焦點，特別仰賴展場燈光加以強調、凸顯，抑或是互動體驗裝置，通常搭設觸動式感應裝置，設計觀者從一片黑暗靜默中，慢慢感受藝術創作、行動過程的驚奇帶領，同時啟動聲光、嗅覺等多重效果，建構觀展者超脫世界的新視域。因此，善用明亮空間的區隔佈局，穿梭體會室內外展場自然光等變化，讓光成為美學設計的無形推手。

近年來吸引越來越多茶品牌參展的廈門茶博會，在展場中，將整體空間規劃成主線、副線等通道提供選擇，在色調與展場佈置上同時加以規範；參展廠商就此進行最佳的展演設計佈局，同樣茶文化空間設計，透過不同材質、燈光安排，融入品茶空間設置與林園窗景規劃等，形形色色的品牌內涵與美學展現構成另類「風景」，吸引參展者拍照、打卡和社群分享；此外，展區外的大大小小直播帶貨景象與網路直播傳播，也意外地成為新媒介社群與電商效應下的當代文化奇觀。

（二）動線：觀展、進展撤展、影音隔音、講座安排

展演現場的動線安排，大致可歸類為兩大面向：觀展動線、進展與撤展動線。前者主要考量觀展者的流暢性與體驗感，如同前文所述，當代主流美術館多採用以「水平」與「視平面」高度的方式陳列藝術品，且善用牆面引導閱讀順序的佈展方式，例如英國倫敦泰德美術館、羅浮宮、美國西雅圖當代美術館等均是。

知名的城市文化景點、位於西雅圖漁人碼頭的星巴克創始店，將店面販售咖啡與獨家商品展示區域，做了相當安排規劃，以疏散每天湧入的觀光人流，同時滿足停留品飲咖啡的需求；小型美術館或文化展示館的動線規劃，亦是文化旅遊重要一環，尤其在地展示館除了作為不定期的展示區外，如何兼顧日常社區活動中心與藝文活動使用需求，以發揮最大效益，仰賴文化空間設計人的巧思。因此，文化空間的前台、後台整體規劃相形重要，連倉儲、器材

擺放和人員休息空間均應事前規劃，以避免展演現場出現雜亂或錯置等現象。

在文化展演現場，空間隔音與各類光影展現、穿梭觀賞的氛圍設計，往往決定一場活動成敗。多年前在高雄金馬賓館當代美術館展出的金馬主題系列，藝術家透過多媒體影音技術，試圖重現兩岸戰爭緊繃時期，當年許多阿兵哥在夜間搭乘運輸艦，漂盪於臺灣海峽上的未知心境，以及從船艙望出去一片漆黑的視覺感受，隱喻每個人彷彿海上一點點微光，在黑暗中搖晃的未來感；整件藝術作品被設置於一間大暗房中，觀者進入該空間後，可以選擇坐下或站立，感受一片寂靜中的不平靜，臨場感十足，而其關鍵在於展場間的聲光隔音效果足夠，觀展者透過引導穿梭、沈浸於歷史洪流中。日本奈良的藝術展則邀請藝術家進駐老建築或廟宇中，將當代藝術融入地景，成功吸引遊客駐足觀賞。

講座、論壇舉辦位置，在大小型展演中最好能化靜為動。例如將講座設計於展場中心，過去誠品書店即做類似設計，吸引更多路過看書人駐足聆聽；將論壇主題和簽名、品茶活動等加以串連，串流不同參與族群，活絡氣氛；例如，設計一場臺灣烏龍茶文化論壇，同時搭設品茶桌椅，在講演同時也進行泡茶分享，或採取流動參與形式，倍增吸引力，這樣的文化活動設計也常見於陶藝、製茶或在地食材料理等 DIY 文化體驗活動中。

然而，這類文化活動的設計更須嚴謹，且不可脫離展覽初心，例如活動人流吵雜聲蓋過講者陳述，將失去原本美意等。臺灣當代策展人林怡華策劃《南方之南》藝術季時，強調該展核心理念並非振興地方觀光或人口回流，而在於重新挖掘、彰顯原本屬於南迴的美麗樣貌，並重現當地傳統文化價值，因此，當規劃當地藝術家與民眾在當地產生連結時，不採用跳點式看作品，而是透過設計舉辦課程、分享會與工作坊，安排參與者跟隨耆老上山採集等行程，透過不止一天的參與過程中，提供彼此認識、理解與討論關於當地文化歷史脈絡的可能性，共同思索文化傳承與在地美學等（林怡華，2020:81）。

至於論壇、會議的會場座位型態和順序的安排，也考驗策展人智慧。大型會議常見類型包括劇場型、魚骨型、教室型

藝術季可將整座城轉化為活動展演空間。

和圓桌型等，端視會議主講者發言討論，以及聽講者需求而變化；小空間會議座位排法則可採用空心方型、空心環型、U 型、T 型、凹型等設計，便利討論互動（力達偉，2021：112-119）。其次，會議講座上的照明與投影視聽設備的位置亦要仔細思量，或考慮採用移動式投影設備，提供演講人、屏幕和聽眾最佳角度，另外投影燈光的角度，最好事前先行檢視測試，避免講者臉孔不清楚或紅眼等困擾。

綜觀一場展演的空間設計與動線規劃，不僅影響觀看展演的體驗感，更涉及藝術展演與講座效果，可視為成敗與否極關鍵部分。所以，策展人設計文化活動時，應多從觀展人的角度思考，藉由展覽意見調查、實地觀察檢視等方式，累積下一次展演策劃的經驗參考，並融入美學鑑賞深度，持續提升兼具功能與美感的設計實戰力。

五、串連，線上線下同步運營

線上線下整合行銷，即所謂 OMO（Online Merge Offline）虛實融合行銷已成為主流，指將線上與線下的銷售與行銷活動進行全面的深度融合，透過設計提供消費者或觀覽者運用線上平台、社交媒體或任何接觸點進行消費、資訊蒐集等體驗歷程，再綜合線上所蒐集彙整到的整合性銷售性諮詢和服務，透過線上顧客經營工具，如 CRM 系統、掃瞄 QR cord 等方式，串連線上線下的相關資訊，以作為後續精準行銷之用。換言之，也就是運用大數據資料整合優勢，促進文化活動策劃、文化體驗設計，以及文化傳播與行銷等面向，進行更精準的目標定位。

若將其應用於展演活動中，可邀請觀覽者在活動中下載 QR cord 加入互動參與，藉此掌握不同觀眾、不同座位、現場不同互動的程度等；即使是靜態觀覽活動，也可鼓勵觀眾掃描掌握更多展覽和表演資訊，以此蒐集觀覽者的資訊，作為後台觀眾、消費者管理數據，並可將其導流至不同平台，後續發送活動相關消息和售票資訊等，提供想跟進活動的人更多內容。事實上，當今大小型藝術展演、動漫與遊戲等展演均已跟進，所有活動的宣傳期早在策劃期間就已經開跑，社群平台的話題討論、分享等流量，往往決定活動現場熱度和未來持續力。

以咖啡品牌來說，星巴克近年來推出一波波「數位體驗活動」，配合情人節、聖誕節等不同文化節慶，設計線上小遊戲，並搭配不同優惠方案，吸引消費者主動體驗數位遊戲，且鼓勵消費者之間互相分享與轉傳，以吸引更多潛在消費者，達致 OMO 中的 Online 線上行銷成效。接著，數位遊戲體驗後所提供的專屬優惠，將觸發消費者前往實體門市兌換、購買，增加實體店面銷售績效，也就是 Offline 線下經營策略。在這些過程中，品牌廠商透過後台可掌握更多消費者資訊，作為後續文化活動與行銷方案策劃參考，甚至導流其他 Fb、IG 等社群平台，作為經常性品牌形象宣傳的目標族群設定。

在數位媒體或者說是互聯網的時代，誰能掌握線上線下整合潮流，誰就能擁有更強大的傳播行銷成效，甚至將成為美學風格帶領者。作為文化策展和設計人，學習互聯網展演、互動設計應用程式與數位轉譯等概念與技能勢在必行，尤其當下 AI 機器人逐漸取代人類許多工作，在圖像、書寫或短視頻製作上，僅僅透過關鍵字的精準輸入，幾乎就能完成基礎工作，甚至藝術創作也能天馬行空完成；在如此快速變化的景況下，無論大小展演都無法再逃避數位

強化與觀者的互動，讓藝術展演變得更有趣。

整合的趨勢，而這不啻也提供策展人掌握更多觀覽者資訊的更多元選擇，即使只是一個小小的 QR code 掃瞄與小互動活動設計，都能加添展演的趣味和參與度，何樂不為？

4 小結：創造平凡為不平凡

如果說策展已經成為 21 世紀的文化設計顯學，那麼，如何將千篇一律、看似平凡的人事物，藉由策展人的精心策劃、多重形式編寫與創造意想不到的美感「驚豔」，不只是正當潮流，更是無限可能性。

然而，不可諱言，展演形式千變萬化，新媒介數位匯流的時代將持續前進，只是，文化展演的目的為何？在所有的表象之下，是否為文化本質加分？或者讓文化本質逐漸偏離？虛擬展演是輔助還是取代了實體展演？如何取得平衡？在娛樂之中如何置入批判？好玩有趣之外，還能留給觀者什麼？這些都是策展人應該不斷自我發問，並藉由文化展演活動的設計，進而啟發觀覽者共同思考的議題。

此外，藉由策展後所再現出的「文化」，是否將逐漸偏向某種類型化？抑或在特定的審核標準脈絡下，「文化」的展演性將凌駕一切？反而造成另一種極端的文化或美學失衡現象？至於沈浸式文化體驗所帶動的身體新感受、虛擬實境、元宇宙和 AI 等多重影音、立體環繞的感官性，將開創如麥可魯漢所言的無限延伸可能性？或者將導致無法預期的美學疲乏效應？這些問題相信是每一位策展人不斷被挑戰、自我省思的哲學問題。

關於文化、關於設計、關於策展，在形式背後的論述脈絡、動機目的與美學哲思，似乎才是文化永續發展的最關鍵靈魂。古往今來，文化設計在世界各個地域，經歷浸染、創造中，已然展現出繽紛多彩的樣式，不過，隨著科技、生態、觀念的演進，人類的新創力與時俱進，在未來的時空中，期能建構出嶄新的文化風貌。文化策展，相信遠比想像中更深邃不可測，潛力無窮。

CHAPTER V

結語：未來完成式

回到原點：文化轉譯
不只是創新，更多是選擇
加法之外，減法試試
不斷往返的對話與辯證

設計思考不只能幫助企業成功，

也能促進人類的整體福祉。

—— Tim Brown

結語：未來完成式

回到原點：文化轉譯

身處「文化產業」與「地方創生」詞彙如潮水般湧入的時空，將文化設計視為當代經濟的一項重要救命丹，不啻預示了「文化」這個概念並非一成不變，而是隨時空流轉激發出的再創造、再設計無窮潛力。

在本書的結尾，讓我們重新回到最初的發問：文化設計的目的？

文化，這個詞就像喝白開水一樣，在我們生活和談話中無處不在，然而，透過書中提起的諸多案例，探析文化再發現、意義可視化、數位策展轉譯等歷程，發現「文化」的被高舉和持續再創造、再設計目的，不只是為了經濟或商業利益，而更多是為了解決現存的社會問題，尤其是重新學習看待與尊重不同族群的多樣生活方式，也就是尊重多元和維護平等的核心精神。如同 Tim Brown（2021）在

《設計思考改造世界》一書中所言「設計思考不只能幫助企業成功，也能促進人類的整體福祉。」

文化研究代表人物葛蘭西認為，文化的建構可從意義串流的多樣性展現，包含不同的意識形態和文化形式，不過，其中有一組意義的呈現優勢或主控的，並常以「常識」(common sense) 的面貌出現，然而，在歷史的進程中，透過表意鬥爭 (struggle to signify) 的持續行動，可望將文化推向更開放、改變的可能性上（Barker,2005）。

不只是創新，更多是選擇

不只是創新，更多是選擇。無論是文化設計人，或是文化消費者，當設計或購買一樣商品、展演或影像，透過符號、論述或五感體驗等形式展現，無形中也傳遞價值與意義。不過，即使商業品牌價值都不斷因應時代潮流與美學觀念與時俱進，文化設計亦是如此，只是，背後的核心目的與發展脈絡，更應以文化有機體、提供多樣化選擇作為設計最關鍵考量。

因此，當論及香料的料理時，秉持對不同族群和文化脈絡的尊重，所設計出的文化體驗之旅，不再侷限於料理是否好吃、對味，而是更多聚焦於為何選擇以這種香料入菜，以及不同國家地區使用香料背後的文化脈絡與主張，同時在考量外來群體的接受度上，進行適度的調整安排，彼此尊重，平等對待。對於事物價值的衡量，取決於雙方交流的結果，文化設計的根本目的，即在於搭建起文化溝通的橋樑與平台。

無論是透過視覺展演、媒體再現、五感體驗或是物品設計，藉由不同的意義和形式的選擇組合，透過持續「再設計」，持續創造新的文化價值和互動可能性，讓文化活起來，始終處於動態的進行式。

加法之外，減法試試

在動態有機體的形構過程中，文化設計雖然不斷重新發現與重組再造，透過衍生與連結產生更多可能性。但是，從另一個角度說，多樣選擇不只是加法，也包含減法。

在西班牙 Camino 健行（或稱朝聖古道）時，不少歐美健行者好奇詢問「是什麼動機，讓你們遠從千里之外來到這裡走路？」根據官方資料統計，前往健行的亞洲人數，臺灣人僅次於韓國人，且每年人數持續增長中，其中多數並非基於宗教目的。換言之，每年有不少亞洲人願意花錢搭飛機、千里迢迢到西班牙健行，日行近 20 公里，究竟是什麼樣的文化魅力讓他們願意遠行朝聖？也許是歷史小鎮？文化遺址？又或者是單純的心靈追求？

事實上，在 Camino 健行不同路徑上，除了提供不同風景和難易度選擇外，存在一個共同點：大城鎮保留可看度高的文化遺跡風貌，沿路形形色的小聚落則仍維持生活單純樣貌。走在古道上，不需要過多的言詞修飾，或者外在物的裝飾，即能實實在在感受到在地人的生活氣息，也就是真實的西班牙文化體驗，不屬於馬德里皇氣，也不似巴塞隆納的喧囂。而這樣的另類文化路徑，是否也正是健行者在自己身處的環境中難以尋獲的？也反映出人類普遍共同的追尋？

本書目的不在於推崇哪一種生活方式或文化形態，而是透過不斷提問與根據某些事實的描述，期望能提供讀者另一種思考角度與意義改編的可能。在人類歷史的進程上，無數曾被視為非主流文化的事物，包括嘻哈與搖滾音樂，後來都成為影響力遍布全球的流行文化。因此，當文化設計不斷強調透過行銷包裝「加法」，以凸顯某些價值和強力傳播時，反過來，提供回歸簡單、自然不造作的「減法」選項，也是未來值得努力的進行式。

不斷往返的對話與辯證

2019 年，荷蘭設計週即以「垃圾：突破性的設計研究展」[1] 為題的展覽，顛覆對設計展的想像，提出 18 個關於垃圾與地緣關係的設計研究項目，探索廢棄物的過去、現在和未來。關於設計策展等衍生出的廢物和垃圾問題，如今仍是待解的困境，作為文化設計人，如何達到永續資源再利用的可能性，尚待更多元的介入和探索。

AI 和數位新技術的普及應用，被許多人認為一種可能的救贖。例如透過 AR、VR 或遊戲平台取代原本的實體展演，提供更多沉浸式體驗的選擇，然而，果真是如此嗎？作為文化設計人對於多媒材的串流與應用，可能需要更嚴

[1] 參見 https://www.wowlavie.com/article/ae1902101。

謹的知識與實踐經驗討論，包括展演後的物件流向追蹤和再創造與再設計，仍存留極大的探索空間。

最後，以在歐洲市民廣場上經常可見的小型文化表演畫面作為結語，無論是傳統舞蹈、諷刺性默劇、小丑雜耍等形式，台上台下熱絡互動的場景，正是文化設計融於日常生活的最佳寫照。

關於文化設計，最後，借用 Tim Brown（2021:327）的「再設計」概念：如何更好？再做一次看看，將設計視為一個漸進的過程、一項持續推展、不斷磨練自身的實驗，也就是透過在理論和實踐之間不斷往返對話與互動論證，加以方法應用的補充，試圖再創造某一種烏托邦。只是，或許並不存在完美的圖像，而是經由不斷思考與實踐進行，提出生活方式與生命意義的多樣性方案，促進更多人 Well-Being 福祉[2]。

---

[2] 劍橋字典解釋為： the state of feeling healthy and happy；世界衛生組織 (WHO) 對 Well-being 的定義：不僅是沒有疾病或衰弱，而是保持在身體上、精神上和社會適應方面的良好狀態。

參考書目

Chapter I

王志弘 (1999) ，〈文化概念的探討—空間之文化分析的理論實踐〉，頁 59–80，《流動、空間和社會 1991–1997 論文選》，台北：田園城市。

王志弘編著 (1999) ，〈空間、地方、自然與文化〉，頁 173–205，《文化研究講義》，台北：世新大學社會發展研究所。

成露茜、羅曉南 (2005) ，《批判的媒體識讀 Critical Media Literacy》，台北：正中書局。

李崗 (2000) ，《尼采人類圖像的教育意義》，國立臺灣師範大學教育學系碩士論文。

佐藤悅子著、夏淑怡譯 (2010) ，《設計道：佐藤可士和 Design 經營術》，台北市：時報文化。

洪震宇 (2020) ，《精準寫作》，臺北市：漫遊者文化。

陳夏民 (2022) ，〈不是編輯也應該習得的編輯學〉，《向編輯學思考》，經濟新潮社。

斯圖爾特・霍爾編，徐亮、陸興華譯 (2005) ，《表徵—文化表象與意指實踐》，北京：商務印書館。

華特・班雅明著 (2022) ，姜雪譯，《單行道：班雅明的「路上觀察學院」，走入充滿張力與火花的哲學街景》，台北：方舟文化。

葉思吟 (2011) ，《媒介城市 ：當代高雄空間改造與意象建構》，世新大學傳播研究所博士論文。

影山裕樹・櫻井祐・石川琢也・瀨下翔太等著，李其融譯 (2022) ，《編輯的創新與創業：日台韓越泰 61 個編輯創意團隊的實戰經驗》，台北：源流出版。

鄭自隆 (2022) ，《文創：行銷與管理(3 版)》，臺北市 ：五南圖書。

Chris Barker 著，羅世宏等譯 (2004) ，《文化研究理論與實踐》，臺北市：五南圖書。

Hall, Stuart (1993 [1980]), "Encoding, Decoding," in Simon D(ed.) The Cultural Studies Reader. Pp.90–103.

Hall, Stuart (EDT) (1997), Representation : Cultural Representations and Signifying Practices，Sage Pubns.

Leonard Koren 著、蘇文君譯 (2008) ，《美學的意義：關於美的十種表現與體驗》，臺北市：行人出版社。

Lynch, Kevin (1960) The Image of the City. Cambridge, Mass : The MIT Press.

Michel Foucault 著，李沉洳譯 (2023) ，《知識考古學》，臺北市：時報出版。
Rose, Gillian (2001) Visual Methodologies, Lodon : Sage.
Tim Brown 著、吳莉君、陳依亭譯 (2021) ，《設計思考改變世界》，新北市：聯經。
Williams, Raymond (1996 [1958]) Culture and Society 1780-1950. London: Penguin.
Williams, Raymond (1981[1961]) "The Analysis of Culture," in Tony Bennett et al. (eds.), Culture, Ideology and Social Process: A Reader . London: The Open University Press. pp.43-52.
Williams, R.(1989) Resources of Hope. London: Verso.

Chapter II

佐藤悅子著、夏淑怡譯 (2010) ，《設計道•佐藤可士和Design經營術》，臺北市：時報出版。
洪伯邑 (2022) ，《田野敲敲門》，台北市：國立臺灣大學。
高橋博之 (2016) ，《食鮮限時批：日本食信通挑戰全記錄》，台北：遠足文化。
康文炳 (2020) ，《深度報導寫作》，台北市：允晨文化。
郭佩宜、王宏仁 (2019) ，《田野的技藝：自我、研究與知識建構》，新北市 ：左岸文化。
游振昌 (2014) ，《PMP的硬實力—專案管理實與Microsoft Project 2013整合應用》，台北：碁峰資訊。
劉文良 (2014) ，《專案管理—結合實務與專案管理師認證》，台北：碁峰資訊。
蔡奕屏 (2021) ，《地方設計》，台北：果力文化。
影山裕樹 (2018) ，《進擊的日本刊物》，台北：行人文化實驗室。
謝國雄主編 (2007) ，《以身為度 如是我做：田野工作的教與學》台北市：群學。

Chapter III

21世紀研究會編、張明敏譯 (2005) ，《色彩的世界地圖》，臺北市：時報出版。

小林章著、葉忠宜譯（2015），《街道文字：在世界的街角，發現文字的秘密》，台北市：臉譜。
永田ゆかり著、吳嘉芳譯（2021），《資料視覺化設計：設計人最想學的視覺魔法》，臺北市：旗標文化。
加藤幸枝著、朱顯正等譯（2021），《色彩手帳》，臺北市：行人文化。
李崗（2014），〈教育研究的記號學方法〉，載於林逢祺、洪仁進主編之《教育哲學：方法論》，台北：學富。
長澤陽子著、蘇暐婷譯（2017），《日本色彩物語：反映自然四季、歲時景色與時代風情的大和絕美傳統色 160 選》，臺北市 ：麥浩斯。
高橋博之著、簡嘉穎、万花譯（2016），《食鮮限時批：日本食通信挑戰全記錄》，遠足文化。
夏洛蒂・柯頓著、張世倫譯（2011），《這就是當代攝影》，新北市：大家出版：遠足文化。
陳明聰、沈柏丞（2015），《藝啟造相：鏡頭下的藝術家朋友》，台北市：靜慮藝術。
郭浩、李健明（2023），《故宮裡的色彩美學與配色事典》，台北市 ：悅知文化。
梁景虹編著（2011），《寫給大家看的色彩書：設計配色基礎》，北京：人民郵電出版社。
蔡奕屏著（2021），《地方設計 Local Design》 ，臺北市：果力文化，漫遊者事業。
Gibson 著、黃文娟譯（2010），《不迷路的設計：視覺指引的秘密》，臺北市：旗標出版。
Gillian Rose 著、王國強譯（2006），《視覺研究導論：影像的思考》，台北市：群學。
ingectar-e、黃筱涵譯（2020），《字型設計學：33 種字體祕訣，精準傳達重要訊息！》，台北市：三采文化。
ingectar-e 著、李佳霖譯（2021），《微調有差　日系新版面設計》，台北市：原點。
Jasmine Lee（2018），〈《延禧攻略》視覺美學「莫蘭迪色」爆紅！〉，文章出處。
John Berger & Jean Mohr 著、張世倫譯（2007），《另一種影像敘事》，台北市：三言社。

Chapter Ⅳ

21 世紀研究會編、 張明敏譯（2005），《色彩的世界地圖》，臺北市：時報出版。
力達偉，(2021:112–119)，《圖解如何舉辦會展活動》，台北:五南圖書。
王南琦（2019），〈留美辦小地藝術日：不務正業「果然紅」〉，刊載於非常木蘭網站 https://reurl.cc/rvoMeO。
伊娜・內德邁爾著、林依瑩譯（2024），〈在沉浸與關鍵距離之間：藝術與科技的社會政治糾纏＞，收錄於《近未來：美術館實踐再進化》，頁 10–25，高雄市立美術館。
李永蓮（2023），〈北科大元宇宙曹筱玥 XR 研發中心 紐約大秀台灣科技女力〉，《工商時報》。取自 2023 年 3 月 16 日刊載於 http://www.ctee.com.tw/news/20230316700420-431204。
亞德里安・喬治著、王聖智譯 (2017)，《策展人工作指南 The Curator's Hand Book》，台北 ：典藏藝術。
吳柏軒（2022），〈北科大曹筱玥 VR 新作《藍眼淚》獲洛杉磯 LAFA 最佳虛擬實境獎〉，《自由時報》。取自 2022 年 6 月 6 日刊登 http://news.itn.com.tw/news/life/breakingnews/3951177
高橋明也著、黃友玫譯（2017），《美術館，原來如此：從日本到歐洲，美術館的工作現場及策展思考》，台北：麥浩斯。
何仲昌，（2011），〈替作品把窗打開：展覽規劃 工程技術與燈光設計執行〉，《策展人培力：鳳甲美術館 2011 第 1 屆》，頁 13，台北市：財團法人國家文化藝術基金會。
林秋芳、蔡明志（2013），《2013 博物館與地方文化發展》，蘭陽縣立蘭陽博物館。
翁淑英（2011），〈展覽行政操作實務〉，《策展人培力：鳳甲美術館 2011 第 1 屆》，頁 11，台北市：財團法人國家文化藝術基金會。
春木晶子（2024），〈相遇在雲端：美術館、博物館的數位溝通力〉，收錄於《近未來：美術館實踐再進化》，頁 49–71，高雄市立美術館。
張基義（2020），〈以策展尋根核心源頭，梳理在地文化脈絡〉，《跨域策展時代：文化行銷的創意實踐、心法》，台北市：麥浩斯出版。
黃心健（2023），〈X 人稱—黃心健的元宇宙劇場〉，高美館官網訪談：http://bit.ly/3kitQDj 。
詹曉萍（2023），〈2023 美濃水圳漫旅藝術節開展！3 的大展區、120+ 台日品牌帶來夜間祭典體驗〉，刊載於 500 輯網站。
熊思婷編（2011），《策展人培力：鳳甲美術館 2011 第 1 屆》，台北市：財團法人國家文化藝術基金會。

漂亮家居編輯部著（2020），《跨域策展時代：文化行銷的創意實踐心法》，臺北市：麥浩斯出版。
Alison Carrol 著、桂雅文譯（2002），《獨立策展人：策展無國界 從企劃到執行的專業手冊》，台北市：五觀藝術管理。
Google Arts & Culture 網站：https://artsandculture.google.com/?hl=zh-TW 。
Kevin Lynch (1964)，The Image of The City，Cambridge : MIT Press.
Mandy Pan(2022)，〈2022 台灣設計展在高雄〉，2022 年 10 月 3 日刊載於 Shopping Design 網站 https://www.shoppingdesign.com.tw/post/view/8288? 。

Chapter V

Chris Barker 著、羅世宏等譯（2005），《文化研究：理論與實踐》，台北：五南圖書。
Tim Brown 著、吳莉君＆陳依亭譯（2021），《設計思考改造世界》，新北市：聯經。

hello! design 087

文化設計：生活再創造指南

Redefine: The Practice of Culture Design

作　　者 / 葉思吟
攝　　影 / 葉思吟
特約主編 / 吳治華
主　　編 / 謝翠鈺
責任編輯 / 廖宜家
行銷企劃 / 鄭家謙
封面設計 / 林韋達
美術編輯 / 張蕙茹

董 事 長 / 趙政岷
出 版 者 / 時報文化出版企業股份有限公司
108019 台北市和平西路三段二四〇號七樓
發行專線：（〇二）二三〇六六八四二
讀者服務專線：〇八〇〇二三一七〇五
（〇二）二三〇四七一〇三
讀者服務傳真：（〇二）二三〇四六八五八
郵撥：一九三四四七二四 時報文化出版公司
信箱：10899 台北華江橋郵局第九十九號信箱

時報悅讀網 / http://www.readingtimes.com.tw
法律顧問 / 理律法律事務所 陳長文律師、李念祖律師
印刷 / 家佑印刷有限公司
初版一刷 / 二〇二五年一月十七日
定價 / 新台幣四五〇元

時報文化出版公司成立於一九七五年，
並於一九九九年股票上櫃公開發行，於二〇〇八年脫離中時集團非屬旺中，
以「尊重智慧與創意的文化事業」為信念。

文化設計 : 生活再創造指南 = Redefine : the practice of culture design/ 葉思吟著 . -- 初版 . -- 臺北市 : 時報文化出版企業股份有限公司 , 2025.01
面； 公分 . -- (Hello! Design ; 87)
ISBN 978-626-419-179-1(平裝)

1.CST: 文化 2.CST: 設計 3.CST: 文化研究

541.2　　113020396

ISBN 978-626-419-179-1
Printed in Taiwan